AF639642

KOCHEN MIT DEM

Big Green Egg®

ÜBER 70 REZEPTE

GRILLEN, SCHMOREN, RÄUCHERN, BRATEN UND BACKEN

JAMES WHETLOR

KOCHEN MIT DEM

Big Green Egg®

ÜBER 70 REZEPTE

GRILLEN, SCHMOREN, RÄUCHERN, BRATEN UND BACKEN

JAMES WHETLOR

Fotos von Sam Folan
Illustrationen von Sarah Fisher

DK

Big Green Egg
NSF
117243
117250
WHEN HOT
°C
°F
Tel-Tru Mfg. Co., USA

INHALT

Vorwort

Tom Kerridge

Kochbuch-Bestsellerautor und Chef des Zwei-Sterne-Restaurants The Hand & Flowers Pub *im englischen Marlow.*

Kochen mit dem Big Green Egg ist ein Gesamterlebnis: die Wärme der grünen Kuppel, der Duft, das Knistern der Holzkohle – und das Essen, das darin vor sich hin gart oder räuchert. Es gibt kaum etwas Vergleichbares.

Ich liebe das ganze Drumherum: nach draußen gehen, das Gerät überprüfen, den Grill anfeuern – alles mit Vorfreude auf das, was am Ende aus dem Ei schlüpft: ein köstliches Essen. In dem Grill entsteht eine wunderbare natürliche Hitze, die das Grillgut langsam gart oder räuchert, und durch die Holzkohle oder den Holzrauch ein tiefes, komplexes Aroma entstehen lässt.

Ich koche schon seit Jahren mit dem Big Green Egg. Ich habe einen in meinem Pub, The Butcher's Tap, in dem wir fantastische Steaks, Grillhähnchen und Fisch zubereiten. Nun gibt es endlich ein Buch, das auch »normalen« EGG-Besitzern und -Besitzerinnen zeigt, wie die tollen Gerichte mit dem Big Green Egg gelingen.

Vermutlich stehen viele Big Green Eggs meist ungenutzt im Garten und werden nur an den wenigen richtig schönen Sommertagen angefeuert, um ein paar Grillklassiker darauf zu brutzeln. Doch warum sollte man sich die großartigen Geschmackserlebnisse, die sich mit einem EGG erzielen lassen, nur an wenigen Tagen im Jahr gönnen? Umso mehr freue ich mich über dieses Buch, das eine tolle Inspiration ist. Schließlich kann man bei jedem Wetter, das ganze Jahr über draußen kochen. Wenn Sie erst einmal gelernt haben, wie Sie viele Ihrer Lieblingsgerichte auch im EGG zubereiten können, und einige Rezepte aus diesem Buch ausprobiert haben, werden Sie auch im Februar grillen – genau wie ich!

Dieses Buch will Ihnen zeigen, dass Ihr Big Green Egg nicht nur ein einfacher Grill ist. Ich betrachte mein EGG als Ofen, der im Garten steht und der alles kann, was ein herkömmlicher Backofen leistet – und noch viel mehr! Wenn man erst einmal die einfachen Techniken beherrscht, die in diesem Buch beschrieben sind, ist das Kochen mit dem EGG wirklich ein Kinderspiel. Auch auf die Frage, warum das EGG grün ist, finden Sie in diesem Buch eine Antwort. Als ich die Seiten aufschlug, hatte ich nicht mit einer Einführung in die japanische Kochgeschichte gerechnet, aber jetzt weiß ich es besser. Außerdem lesen Sie Wissenswertes über die Auswahl der Holzkohle, warum es sich lohnt, in vernünftige Werkzeuge zu investieren, und warum ein hochwertiges Gerät auch hochwertige Zutaten verdient.

Natürlich koche ich gern in meiner Küche und habe meine berufliche Laufbahn damit verbracht, in Pubs und Restaurants mit herkömmlichen Backöfen zu arbeiten. Aber es gibt Dinge, die nur ein Big Green Egg leisten kann. Sie meinen, dass Sie ein anständiges Curry zubereiten können? Ich bin mir sicher, dass es lecker schmeckt. Aber wenn Sie das Fleisch erst angrillen und dann in den Topf geben, erhält Ihr Curry weitere, wunderbare Grillaromen.

Dass James ein totaler Fan des BGE ist, ist ganz offensichtlich – so wie sein Wunsch, diese Begeisterung mit Ihnen zu teilen. Seine Rezepte verwischen die Grenzen zwischen herkömmlichen und nur auf dem Grill zubereiteten Gerichten. In diesem Buch werden nicht nur alle BBQ-Klassiker vorgestellt, es hilft Ihnen auch, ein BBQ Superstar zu werden und zeigt Ihnen, wie Sie viele weitere – und für einen Kamado ungewohnte – tolle Gerichte, wie etwa die Paella auf Seite 80, mit einem EGG zubereiten können, die dadurch in ganz andere Geschmacksdimensionen vorstoßen.

Das Schritt-für-Schritt-Kapitel mit 12 Rezepten vom Hähnchen bis zur Rinderbrust ist genial. Wenn es Ihnen so geht wie mir, möchten Sie diese Vorzeigegerichte so schnell wie möglich nachkochen. Aber ohne ein paar Grundkenntnisse ist es nicht empfehlenswert. Wenn Sie das perfekte Pulled Pork oder die perfekte Rinderbrust zubereiten wollen, sollten Sie sich zunächst einige Grundlagen aneignen, was Ihnen mit dem 12-Schritte-Plan auf einfache, unterhaltsame und leckere Art garantiert gelingt! Sie lernen, Ihren EGG zu handhaben und zu genießen – von Anfang an. Sie erkochen sich quasi Ihren Weg zum BBQ-Superstar.

Auch für alle, die schon viel Erfahrung und Wissen am Grill mitbringen, gibt es hier noch viele Rezepte zu entdecken, gespickt mit weiteren Challenges, die Sie zum Anheizen des EGG verleiten. Wenn Sie schon eine perfekte Rinderbrust oder saftige Rippchen hinbekommen, wie wäre es dann mit etwas Raffinierterem? Versuchen Sie es doch einmal mit gebratenen Rebhühnern (Seite 140), ganzem Steinbutt (Seite 78) oder Entenbrust (Seite 94). Und wenn das nicht Ihr Ding ist und Sie vor allem Grillklassiker lieben, bietet Ihnen dieses Buch spannende Rezeptvarianten und ausgefallene Techniken zum Experimentieren.

Das Big Green Egg kann zu einer Lebenseinstellung werden. Ich hoffe, dass Sie sich auch auf lange Garzeiten einlassen möchten – eine Stunde Vorbereitung und dann noch ein paar Stunden warten, bis das Fleisch perfekt gegart ist und sich vom Knochen löst. Sie müssen in Gerätschaften investieren und Ihre neue Leidenschaft mit Holzkohle füttern. Aber glauben Sie mir, es lohnt sich. Die Belohnung besteht darin, dass Sie mit dem EGG das absolute Maximum aus Ihren Zutaten herausholen.

Wer möchte nicht zum Grillmeister oder zur Grillmeisterin ernannt werden? Wenn Sie dieses Buch gelesen haben, werden Sie Ihren EGG so sicher beherrschen, wie Sie ein Ei kochen können!

Big Green Egg
Big Green Egg
Big Green Egg

EINLEITUNG

Ed Fisher, der Mann, der das Big Green Egg ausgebrütet hat, hatte ursprünglich gar nichts mit Grillgeräten zu tun. Bei einem Japanaufenthalt hatte er Pachinko-Spielautomaten gesehen, die er nach seiner Rückkehr nach Atlanta importierte und in seinem Laden in einer kleinen Einkaufsmeile verkaufte. Das Geschäft lief gut – die Geräte waren bei den amerikanischen Jugendlichen beliebt –, aber Saisonware: In den Wintermonaten und besonders in der Vorweihnachtszeit verkauften sich die Spielautomaten sehr gut, im Sommer schlecht. Fisher suchte nach einer Möglichkeit, um dieses Sommerloch auszugleichen.

Ihm fiel ein, dass er in Japan ein Steak gegessen hatte, was ihm extrem gut geschmeckt hatte. Es war in einem ungewöhnlichen eiförmigen Ofen zubereitet worden, den er sehr spannend fand. Er setzte darauf, dass sich diese Geräte im BBQ-verrückten US-Süden sicherlich gut verkaufen ließen. Also importierte er einige sogenannte Kamados. Zu seinem Leidwesen funktionierte die Mischung aus Spielautomat und Showroom für exotische Öfen nicht sehr gut, und auch Anzeigen in der lokalen Presse (»Pachinko-Haus verkauft Kamado-Grills«) brachten nicht den gewünschten Verkaufserfolg. Dann hatte Fisher eine Idee. Um den Verkauf anzukurbeln und seine Kunden zu unterhalten, begann er, vor seinem Geschäft Hähnchenflügel auf einem Kamado zu braten. Der Duft, der durch die Straßen zog, war alles, was es brauchte. Schon bald stiegen die Verkaufszahlen, und die Spielautomaten gerieten in Vergessenheit, denn Fishers »weltbeste« Hähnchenflügel verschafften den Öfen einen bemerkenswerten Ruf.

Es gab natürlich auch Schwierigkeiten, wie an jenem Tag, als die Hähnchenflügel wie üblich in Fishers Kamado vor seinem Laden brutzelten und ein Lastwagen im Rückwärtsgang alles umfuhr – und sich dann aus dem Staub machte! Noch ärgerlicher als dieser Vorfall aber war, dass beim Import der zerbrechlichen Öfen aus Japan, Taiwan und Indien immer wieder Geräte zu Schaden kamen. Fisher war es bald leid, Tonscherben und Staub aus den Containern zu fegen. Ein weiteres Problem bestand darin, dass die importierten Öfen bei sehr hohen Temperaturen gelegentlich Risse bekamen. Also beschloss Fisher, sein eigenes Produkt zu entwickeln und herzustellen. Mitte der 1990er-Jahre nahm er Kontakt mit einem spezialisierten Keramikhersteller in Mexiko auf, der ihm ermöglichte, das Design zu optimieren und hochwertige Materialien zu verwenden. Durch den Einsatz spezieller Keramiken und anderer extrem hitzebeständiger Materialien, die für das Space-Shuttle-Programm der NASA entwickelt worden waren, konnten wesentliche Verbesserungen vorgenommen werden, und schon bald veredelte diese Spitzentechnologie auch die neuen Öfen, Big Green Egg getauft. Sämtliche weltweit verkauften EGGs stammen aus derselben Fabrik, in der jährlich Tausende Geräte herstellt werden. Die Keramikmasse wird in Formen gegossen, die nach einer von Hand gefertigten Vorlage produziert werden, die Dellen auf der Außenfläche sind manuell eingefügt. Neben der grünen Farbe sind vielleicht die Dellen das markanteste Merkmal des EGG. Sie haben zwei Funktionen: Erstens lassen sich die Eier dadurch leichter aus der Gussform lösen; zweitens sorgen sie für eine gleichmäßigere Glasur, die bei einer glatten Oberfläche nur schwer zu erreichen wäre.

Und wie kam es zu dem Namen Big Green Egg? An dieser Stelle würde ich Ihnen gerne eine nette Anekdote erzählen wie die mit dem rückwärts fahrenden LKW, aber es gibt sie nicht. Fisher, der einen einprägsameren Namen als Kamado haben wollte, taufte sein Gerät Big Green Egg, weil es groß und eiförmig ist und grün eine seiner Lieblingsfarben ist. Dieser einfache Name schien ihm perfekt. Der Erfolg stellte sich schließlich nicht durch Gimmicks oder Marketing ein, sondern weil der EGG ein so gut funktionierender Ofen ist, dass es sich sehr schnell herumsprach. Fisher hat nicht nur dem Big Green Egg seinen Stempel aufgedrückt, sondern auch der ganzen kulinarischen Welt. BBQ entwickelt sich immer mehr zu einer Mainstream-Kochtechnik, die dazu genutzten Öfen – Kamados – aber sind schon sehr alt und haben eine eigene faszinierende Geschichte. Dabei sollte man allerdings wissen, dass »Kamado« vermutlich gar nicht die korrekte Bezeichnung für diese Öfen ist.

Den Ofentypus, den wir als Kamado kennen, gibt es nicht nur in Japan. Ähnliche Erd- oder Tonöfen sind auf der ganzen Welt zu finden. Tandoors stammen ursprünglich aus Indien, sind aber in ganz Asien verbreitet. Ihre nahen Verwandten, die Tannours, werden im Nahen Osten genutzt. Südamerikanische Hornos basieren auf den südspanischen Lehmöfen, die ursprünglich von den Mauren aus Afrika nach Spanien gebracht wurden. Noch älter sind Huatia-Öfen, die aus der vorkolumbischen Ära stammen. Im Lauf der Zeit haben sich diese Öfen aus Erdöfen mit Lehmüberbau entwickelt. Sie waren nicht beweglich, sondern fest eingebaut.

Die wörtliche Übersetzung von »Kamado« lautet »Herd« oder, genauer gesagt, »Ort für den Kessel« und ist ähnlich wie »Feuerstelle« im Deutschen zu verstehen, also mehr als nur ein Herd, sondern ein Symbol für Heim und Familie. So kennen die Japaner auch die Redewendung »Kamado wo yaburu« (»den Herd zerbrechen«), was bedeutet, eine Familie zu spalten.

Die Entwicklung und Verwendung von Kamado in Japan nahm zwei unterschiedliche Wege. In den armen und ländlichen Küchen stand noch bis ins 18. Jahrhundert der »Irori« im Mittelpunkt, der sowohl Kochstelle wie auch emotionales Zentrum des Haushaltes war und Essen, Licht und Wärme spendete. Es war nicht viel mehr als ein über einem offenen Feuer hängender Kessel, in dem eigentlich nur Eintopfgerichte zubereitet werden konnten. Kochen mit Irori war nicht besonders angenehm, da die Frauen – und nur die Frauen – kniend kochen mussten. Die Verbreitung der Kamado erlaubte es den Köchinnen, im Stehen zu arbeiten, und der Einbau von Schornsteinen befreite die Küchen vom Rauch, was das Leben erheblich verbessert haben muss.

In den nördlichen Teilen Japans, in denen die Häuser aufgrund der langen, kalten Winter beheizt werden mussten, gab es weiterhin Irori, auch wenn die Befeuerung problematisch war, denn seit jeher war Brennholz in Japan knapp und mühsam zu beschaffen. Die zweieinhalb Jahrhunderte dauernde Isolation des Landes vom Rest der Welt während der Edo-Zeit (1603–1868) bedeutete, dass es keinen Außenhandel und nur sehr eingeschränkte Kontakte zur Außenwelt gab, während gleichzeitig die Wirtschaft, angetrieben durch Landwirtschaft und Kreditmärkte, wuchs. Dadurch kam es auch zu einer verstärkten Nachfrage nach Holz für den Haus- und Schiffsbau sowie zur Verkohlung zu Heizzwecken, die auf eine endliche, knappe Ressource und eine inflationsgetriebene Holzversorgung stieß. Aufgrund ihrer geschlossenen Form und der direkten Hitze erwiesen sich Kamado als besonders effizient, und die Umstellung vom Irori zum Kamado als Kochgerät veränderte die Art des Wohnens. Die Kamado wurden in die »Doma« verlegt, einen Bereich des Hauses mit gestampftem Erdboden, der halb Küche, halb Hauswirtschaftsraum war. Hier war die Brandgefahr deutlich verringert. Heute erfreuen sich die offenen Irori-Feuerstellen in kleinen Restaurants einer gewissen Nostalgie.

In wohlhabenden und adeligen Haushalten gab es den Kamado schon viel früher, nachdem er im 4. Jahrhundert aus Korea eingeführt worden war. Auch diese Kamado waren nicht die Öfen, die wir heute unter dieser Bezeichnung kennen, sondern Kochstellen, die eher einem Schürherd glichen und auf die man mehr als einen Topf setzen konnte. Dadurch konnte auch immer ein Topf Reis darauf stehen, was die Ernährung der Japaner verbesserte. Kamado waren meist an der Küchennordseite angebracht, vermutlich weil es der kälteste Teil des Raumes war, beim Salzsieden und Schmieden fanden sie auch handwerkliche Verwendung. Durch das Zusammenkommen von Brennstoffknappheit, Verbreitung des Kamado-Ofens und neuer Wohnsituation in den Städten – die Menschen lebten in kleinen Ein- oder Zweizimmerwohnungen – wurde in den Familien nur noch einmal am Tag Reis gekocht. Andere Gerichte wurden in kleinen Geschäften dazugekauft, die Speisen für den Verzehr zu Hause anboten – die Fast-Food-Industrie der Edo-Zeit von 1603–1868.

Diese frühen Kamado waren recht einfach. Sie bestanden aus einem Lehmsockel, in dem über eine seitliche Öffnung ein Feuer geschürt werden konnte. Darauf saß der gusseiserne »Kama«, ein Topf mit Wasser, in dem der Reis gegart wurde. Die Regulierung des Feuers war jedoch schwierig und zeitaufwendig, was insbesondere für das Garen des Reis' eine Herausforderung war.

Die Innovation, die letztlich auch zum Big Green Egg führte, beruht auf zwei Entwicklungen: zum einen die des transportablen »Mushikamado« Anfang des 20. Jahrhunderts. In diesem Ofen konnte Reis in ähnlicher Weise wie in den fest verbauten Kamados gegart werden, allerdings war er wesentlich kleiner und somit auch für kleinere Haushalte geeignet. Die zweite Entwicklung war der Einbau eines »Shichirin« in den Mushikamado – tragbare Keramikkocher von der Größe eines Papierkorbs. Sie wurden sehr beliebt, da sie mit vergleichsweise wenig Brennmaterial auskamen. Shichirin setzt sich aus dem Wort für sieben und »rin« zusammen, der Bezeichnung für Münze aus der Edo-Zeit, und bedeutet, dass es nur sieben Rin kostete, um den Ofen mit Holzkohle zu befeuern. Die Technik wurde weiterhin durch Lüftungsventile an der Unterseite des Shichirin verbessert, wodurch der heiße Luftstrom reguliert und die Effizienz und Vielseitigkeit des Ofens gesteigert werden konnten. Diese Art von Ofen ist im Westen als »Hibachi« bekannt, was eine falsche Übersetzung bzw. ein Missverständnis ist, denn Hibachis sind eigentlich kleine Porzellanbehälter, die mit glühender Holzkohle gefüllt sind und als Heizung dienen.

Durch den Einbau eines leicht veränderten Shichirin in den Mushikamado und die Lüftungsschlitze, die vom Shichirin in die Außenhülle verlegt wurden, entstand ein Ofen mit regulierbarer Temperatur und kontrolliertem Brennstoffverbrauch. Es ist nicht klar, wie diese Neuerung zustande kam, aber vermutlich wurde sie entwickelt, um das Reisgaren zu erleichtern, da perfekt gegarter Reis in einem traditionellen Kamado ein schwieriges Unterfangen ist. Dieser neue Ofen ermöglichte es, die Hitze bei köchelndem Reis abzuschalten, sodass der Reis perfekt in der Restwärme des Ofens garen konnte. Leider war auch diese Technik bald überholt, als nämlich Toshiba 1955 den ersten verlässlichen elektrischen Reiskocher auf den Markt brachte. Während im ersten Jahr noch 200 000 Stück pro Monat produziert wurden, waren es im ganzen Jahr 1970 bereits 12,35 Millionen. Dadurch wurde die japanische Küchenarbeit und das Leben der Frauen, die sie leisteten, revolutioniert. Aber das ist eine andere Geschichte ...

Der Mushikamado mit Shichirin-Einsatz wäre wohl bald in Vergessenheit geraten, wenn er nicht unter der falschen bzw. missverständlichen Bezeichnung (siehe oben) »Hibachi« in die USA exportiert worden wäre. An dieser Stelle schließt sich nun auch der Kreis zu Fisher. Er erkannte das Potenzial zum Grillen und Räuchern dieser Geräte und nahm für den US-Markt diverse technische Verbesserungen daran vor, sodass irgendwann das Big Green Egg (BGE) ausgebrütet war. Die Geräte werden mittlerweile in über 50 Ländern vermarktet und haben eine eingeschworene internationale Fangemeinde, die – fast unweigerlich – als »Eggheads« (deutsch: Eierköpfe) bekannt sind.

Fisher, inzwischen weit in den Achtzigern, steht nach wie vor an der Spitze seines Unternehmens, und seine »Erfindung« marschiert immer weiter. Leider ist es mir nicht gelungen, das originale Rezept für die Hähnchenflügel oder das Rub ausfindig zu machen, mit dem er damals versuchte, mehr Kunden in seinen Laden zu locken. Weil es aber Fishers erstes EGG-Gericht war, war für mich klar, dass ich meine beste Interpretation davon in dieses Buch aufnehmen wollte (Seite 46).

ANZÜNDEN UND BEDIENEN

Sieht kompliziert aus, oder? Und auch ein bisschen einschüchternd, dieses große grüne Ei aus Keramik in Ihrem Garten. Auf den folgenden Seiten zeigen wir Ihnen, dass das Aufstellen, Anzünden und die Arbeit mit dem EGG viel einfacher ist, als es aussieht. Beginnen wir mit dem Anzünden.

Bevor Sie die Holzkohle einlegen, vergewissern Sie sich, dass der Bereich unter dem Feuerkorb sauber ist. Die Luftzufuhr sollte möglichst ungehindert durch das untere Zuluftventil erfolgen können. Wenn noch Kohlereste von der vorherigen Grill-Session im Feuerkorb sind, rühren Sie darin herum, um die Asche auszusieben und dann zu entfernen. Wenn der Feuerkorb einigermaßen sauber aussieht (richtig sauber ist er allerdings nur am Tag des Kaufs) und aschefrei ist, können Sie ihn mit frischer Holzkohle befüllen.

Schütten Sie die Holzkohle direkt aus dem Sack in den Feuerkorb, bis er zur Hälfte gefüllt ist, unabhängig davon, was oder wie Sie kochen möchten. Nur so brennt ihr EGG gleichmäßig und effizient. Wenn Sie neue Kohlen auf die alten legen, mischen Sie die Kohlen sorgfältig und zünden Sie sie dann an.

Vergewissern Sie sich, dass das Zuluftventil unten an der EGG-Basis vollständig geöffnet ist. Wenn Sie Grillanzünder verwenden, legen Sie ein Stück in die Mitte des Feuerkorbs zwischen die Kohlen. Verwenden Sie immer Grillanzünder aus natürlichen Materialien, etwa aus Holzspänen oder Sägemehl, niemals flüssige oder chemische Anzünder, die der Keramik schaden; den Geschmack werden Sie nie wieder los. Zünden Sie den Anzünder an und lassen ihn bei geöffnetem Deckel brennen.

Wenn Sie einen Gas- oder Gebläseanzünder verwenden, brauchen Sie keine Grillanzünder. Richten Sie das Gerät auf die Mitte der Kohlen, starten Sie es und versuchen Sie, einen Hitzekern zu erzeugen, sodass die Kohlen zu glühen beginnen und es auch noch tun, wenn Sie den Gas- oder Gebläseanzünder entfernen bzw. der Grillanzünder ausgebrannt ist. Das sollte mit einem Grillanzünder etwa 10 Minuten und mit einem Gas- oder Gebläseanzünder etwa 2 Minuten dauern.

Sobald ein Hitzekern erzeugt ist, lassen Sie von den Kohlen ab. Sie werden sich daran gewöhnen dürfen, nicht darin herumzustochern. Auch wenn die Versuchung groß ist, tun Sie es nicht! Die Glut sollte sich selbst regulieren. Wenn Sie jedoch die heißen Kohlen hin- und herschieben, glühen sie nur viel schneller durch. Das mindert nicht nur die Effizienz, sondern kann auch dazu führen, dass die Glut nachlässt, bevor Ihr Essen fertig gegart ist. Der Deckel bleibt erst mal offen.

Nach etwa 10 Minuten sollte sich eine schöne, gleichmäßige Glut entwickelt haben, die sich von der Mitte ausbreitet. Jetzt wird der Deckel geschlossen, damit das EGG auf die im Rezept angegebene Temperatur vorgeheizt wird – wie man es auch vom normalen Elektro- oder Gasofen in der Küche kennt. Behalten Sie also das in der Kuppel eingebaute Thermometer gut im Auge. Die Zieltemperatur hängt davon ab, was Sie zubereiten möchten und ist beim Low-and-Slow-Garen niedriger als beim Braten oder Grillen. In jedem Fall sollte das EGG vorher auf die richtige Betriebstemperatur gebracht werden. Auch hier geht es darum, dass Ihr Essen schön gleichmäßig gart und die Kohle so effizient wie möglich genutzt wird. Jedes EGG hat seine Eigenheiten, daher lässt sich nicht genau sagen, wie das untere Zuluftventil und der Regulator in der Kuppel eingestellt sein müssen, um die Zieltemperatur zu erreichen. Für eine Zieltemperatur von 200 °C schlage ich vor, beide Ventile erst einmal ein Viertel zu öffnen, um später den Luftstrom nach Bedarf anzupassen: für eine niedrigere Temperatur die Ventile etwas schließen, für eine höhere Temperatur weiter öffnen. So können Sie sich langsam herantasten. Wenn das EGG dann auf 150 °C zusteuert, schließen Sie beide Ventile noch ein wenig weiter. Das sollte die Erhitzung verlangsamen. Beachten Sie, dass es bei einem EGG viel einfacher ist, die Temperatur zu erhöhen als zu senken, und dass Sie geduldig sein müssen und nicht zu viel herumprobieren sollten. Die Hitze lässt sich nicht so schnell regulieren wie bei einem Elektroherd. Lassen Sie sich Zeit, bis die von Ihnen vorgenommenen Einstellungen Wirkung zeigen. Wenn Sie 200 °C anpeilen, aber letztlich bei 210 °C landen, ist das kein großes Drama. Das EGG ist da sehr tolerant, sodass Sie sich über 10–15 °C Temperaturabweichung keine großen Gedanken machen müssen.

Ist die Zieltemperatur erreicht, lassen Sie das EGG etwa 15 Minuten ruhen, um sicherzugehen, dass die Zieltemperatur konstant gehalten wird. Jetzt können Sie vorsichtig die für das jeweilige Rezept erforderlichen Zubehörteile einsetzen und vorheizen.

Ein Hinweis zum Öffnen eines heißen EGG: Denken Sie immer daran, dass Sie hier mit offenem Feuer arbeiten, und deshalb immer besonders aufmerksam und vorsichtig sein sollten. Sobald die Kohle im EGG brennt bzw. glüht, wird Luft durch das untere Ventil angesogen, die wiederum dafür sorgt, dass die Holzkohle gleichmäßig glüht. Durch das vollständige Öffnen der Kuppel entsteht ein plötzlicher Sauerstoffsog, durch den es zu

Stichflammen kommen kann. Um dies zu vermeiden, sollten Sie Ihr EGG vor dem Öffnen immer »lüften«: Heben Sie den Deckel erst einmal nur ein paar Zentimeter an, damit etwas Sauerstoff einströmen kann, und schließen Sie ihn wieder. Wiederholen Sie den Vorgang noch einige Male. Danach können Sie die Kuppel ganz öffnen. Das Lüften ist in jeder Phase wichtig. Besonders vorsichtig sollten Sie sein, wenn Sie Lebensmittel garen, von denen Fett auf die Glut tropfen kann.

Beim Einsetzen von Keramik- oder Metallzubehörteilen oder später beim Einlegen großer Fleischschnitte kann die Temperatur in Ihrem EGG um bis zu 100 °C abfallen. Deshalb sollten Sie Fleisch oder Fisch aus dem Kühlschrank nehmen, bevor Sie Ihr EGG anzünden, damit es Raumtemperatur hat und die Temperatur im EGG nicht weiter absenkt. Behalten Sie das Thermometer im Auge. Die Anzeige fällt zunächst, klettert aber bald wieder nach oben. Sie brauchen nichts zu tun, da die Ventile ja bereits richtig eingestellt sind.

Sobald die Temperatur wieder stimmt, können Sie Gemüse, Fleisch, Fisch oder was auch immer Sie im EGG garen wollen, hineinlegen und sich entspannen. Das EGG übernimmt den Rest. Der gesamte Vorgang, vom Vorheizen über das Schließen der Kuppel über dem Gargut bis zum Öffnen des ersten Bieres, dauert etwa 30 Minuten. Das EGG ist also genauso schnell einsatzbereit wie ein Gas-, Pellet- oder herkömmlicher Holzkohlegrill. Wenn das EGG die Betriebstemperatur erreicht hat und das Gargut drinliegt, bleibt es geschlossen! Der Deckel sollte nur angehoben werden, um Zubehörteile einzusetzen, Gargut zu wenden oder dessen Kerntemperatur zu prüfen.

Einige Gerichte in diesem Buch müssen während des Garens gewendet, bestrichen oder umgerührt werden. In diesem Fall lüften Sie das EGG erst, bevor Sie den Deckel ganz öffnen. Tun Sie dann, was Sie tun müssen, und schließen Sie ihn dann wieder. Das hört sich vielleicht etwas umständlich an, ist aber keine große Sache. Sie gewöhnen sich schnell daran. Wenn der Deckel länger als ein paar Minuten offen bleibt, verlieren Sie die Kontrolle über die Temperatur.

Ein heißes EGG sollte möglichst ausgiebig genutzt werden. Allein das Erhitzen der Keramik braucht viel Energie, und gute Holzkohle ist nicht billig. Um das Maximum aus jeder Befeuerung herauszuholen, versuchen Sie, mehrere Gerichte im EGG zuzubereiten. Heizen Sie es beispielsweise erst für ein Low-and-Slow-Gericht vor, erhöhen danach die Temperatur, um etwas zu grillen, und werfen dann, wenn die Glut nachlässt, noch einen Nachglüher rein – drei Gerichte mit einer einzigen Befeuerung. Sie müssen das natürlich nicht tun, aber es schadet auch nicht.

Bei einigen Rezepten müssen Sie Zubehörteile ins heiße EGG einsetzen bzw. herausnehmen. Gehen Sie dabei immer sehr vorsichtig vor und tragen entsprechende Schutzhandschuhe und – mein absoluter Lieblingskochtipp – räumen Sie vorher immer einen Platz frei, um das heiße Teil sicher abstellen zu können. Das verhindert viel Geschimpfe, Chaos und Schmerzen.

Noch eine kurze Anmerkung zum Zubehör. Es gibt sehr viel Zubehörteile, mit denen sich die Einsatzmöglichkeiten Ihres EGG schier endlos erweitern lassen. In diesem Buch habe ich versucht, die Zahl auf ein Minimum zu beschränken, damit Sie unabhängig von Ihrer Ausstattung alle Rezepte nachkochen können. Zu dieser unverzichtbaren Mindestausstattung gehören der Back- und Pizzastein und der ConvEGGtor, ohne die Sie das EGG-Potenzial nicht ausschöpfen können und definitiv etwas verpassen. Sie sind ihre Investition wert. Das Einzige, was ich sonst noch auf die Liste der Essentials setzen würde, ist ein digitales Küchenthermometer. Beim Garen im EGG sollten Sie sich eher an der Kerntemperatur und nicht an der Garzeit orientieren. In der Regel ist ein Gericht fertig, wenn es die richtige Kerntemperatur erreicht hat, und die können Sie nur feststellen, wenn Sie einen Temperaturfühler hineinstechen.

Wenn Sie das Gefühl haben, dass die Temperatur Ihres EGG außer Kontrolle gerät oder sich zu starke Flammen bilden – keine Panik. Die Luftzirkulation im Big Green Egg ist sehr effizient. Sie brauchen also nur den Deckel zu schließen und den Luftstrom über die Zuluftventile zu regulieren. Ist die Temperatur zu hoch? Schließen Sie beide Ventile leicht. Ist sie zu niedrig? Öffnen Sie beide Ventile etwas. Bald haben Sie die Temperaturregulierung bis auf wenige Grad Abweichung im Griff! Keine Sorge auch, wenn Ihnen die Flammen zu groß erscheinen; sie können sich nicht über das EGG hinaus ausbreiten. Schließen Sie zuerst das untere Ventil. Dann schließen Sie vorsichtig den Deckel und zum Schluss das obere Ventil. Durch den Sauerstoffentzug erlöschen die Flammen recht schnell. Lassen Sie das EGG in Ruhe, bis das Thermometer wieder die richtige Temperatur anzeigt. Auch wenn man es eigentlich nicht mehr erwähnen müsste, hier noch ein letzter Sicherheitshinweis: Verwenden Sie das EGG nie(!) zum Frittieren. Das Erhitzen von Speiseöl über offenem Feuer schreit geradezu nach Explosion und Verbrennungen.

Alle Rezepte in diesem Buch haben wir in einem Big Green EGG Large zubereitet und getestet. Da jedes Modell etwas anders ist, können die Angaben zur Garzeit je nach EGG-Größe davon abweichen. Mit zunehmender Nutzung lernen Sie Ihr EGG aber immer besser kennen, sodass Handling und Garzeiten intuitiv werden.
Und nun viel Spaß!

EGG-SETUP

Auf den folgenden Seiten zeigen wir Ihnen die Basis-Setups und nützliche Zubehörteile für die Zubereitung der Rezepte in diesem Buch. Machen Sie sich zunächst mit Ihrem EGG vertraut und folgen Sie dann den Setup-Anweisungen in den einzelnen Rezepten.

GESCHLOSSEN

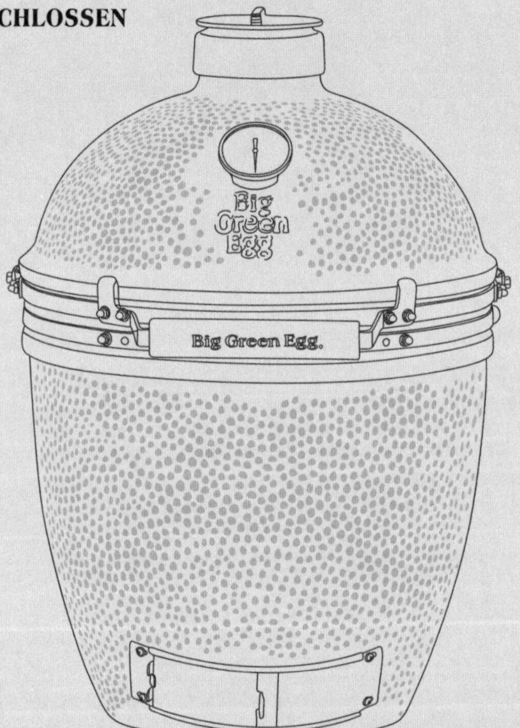

OFFEN

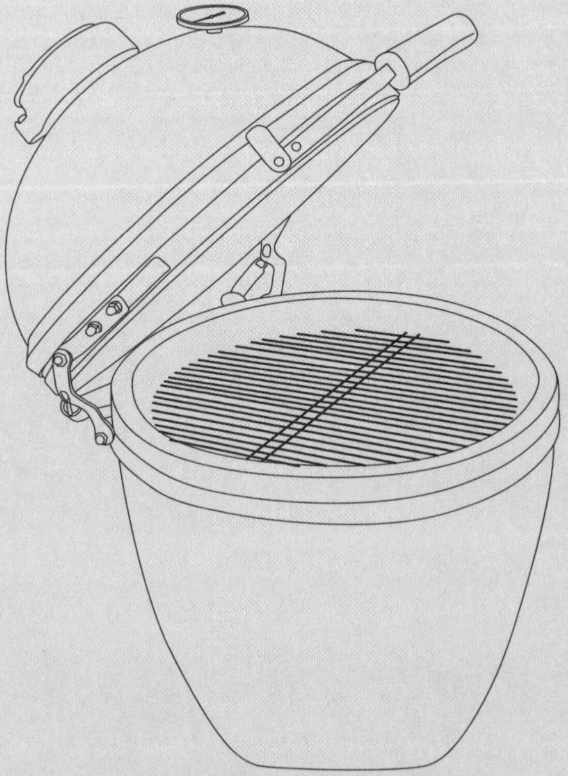

Big Green Egg

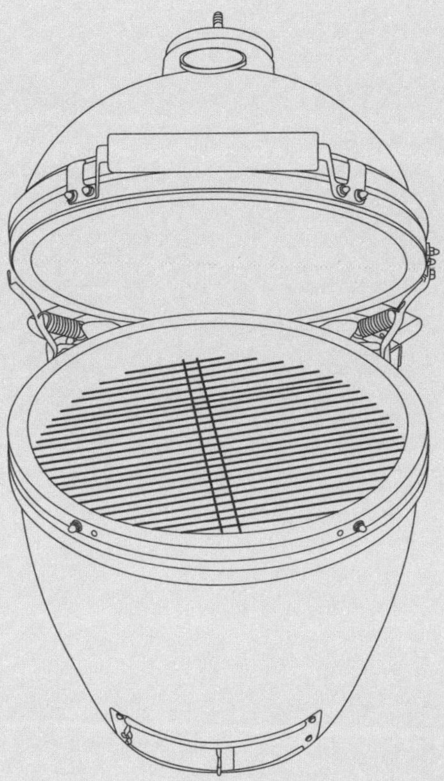

DIREKTES SETUP

Vom traditionellen Grillen wissen Sie sicherlich, dass bei dieser Einstellung das Gargut direkten Kontakt mit der Gluthitze hat. Das bedeutet schmackhafte, knusprig braune Grillspuren und einen unverkennbar rauchigen Umami-Geschmack. Den Umgang mit dieser Garmethode können Sie im Kapitel Grillen (ab S. 76) üben.

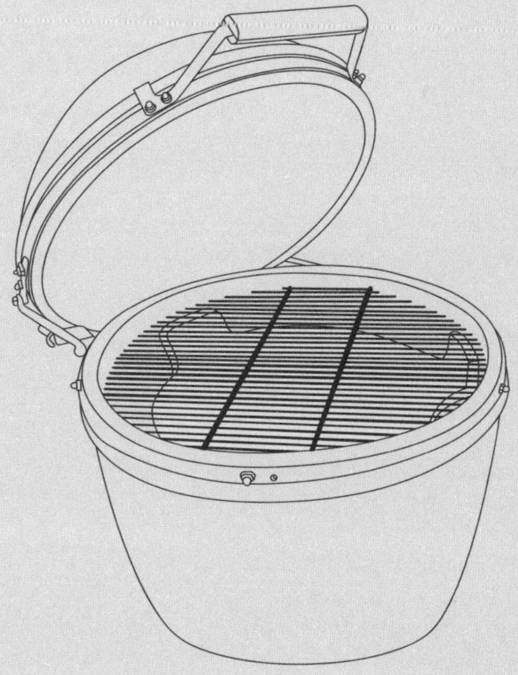

INDIREKTES SETUP

Indirektes Garen funktioniert wie ein Umluftbackofen. Die Gluthitze wird durch den ConvEGGtor abgeschirmt und ist deshalb nicht so intensiv. So entsteht eine gleichmäßige Hitze, die durch die Kuppel des EGG zirkuliert und perfekte Garbedingungen für Bratenstücke (s. S. 136), Low-and-Slow-Gerichte (s. S. 116) und zum Räuchern bietet.

AUF HEISSEN KOHLEN

Das Garen im EGG in seiner allereinfachsten Form, also »dirty«, direkt auf hochwertiger Holzkohle, sorgt für intensive, reine Grillaromen.

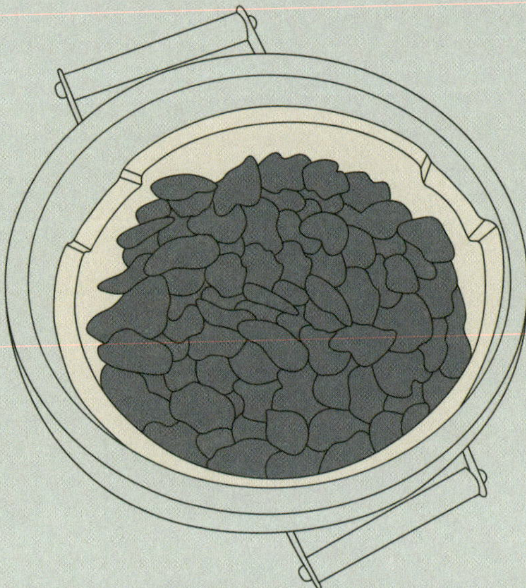

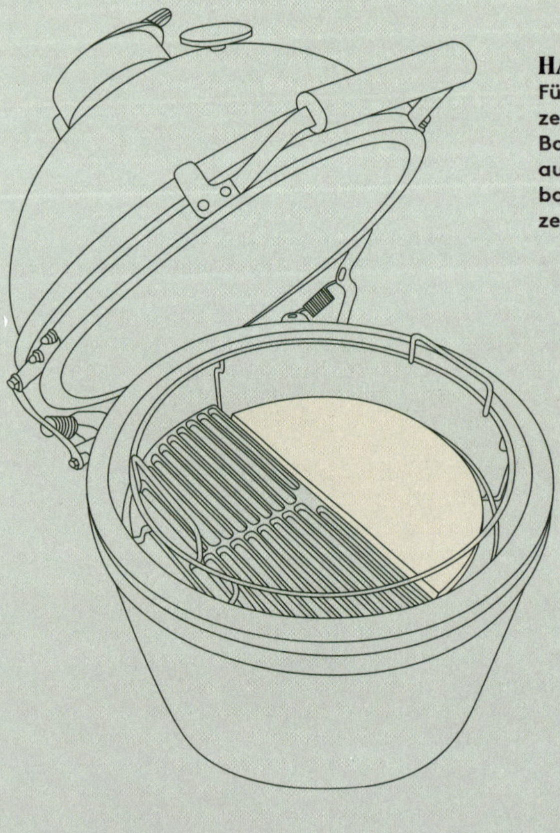

HALBRUNDER ConvEGGtor-STEIN

Für maximale Raumnutzung, um gleichzeitig auf zwei Ebenen zu garen, kann der Back- und Pizzastein eingesetzt werden, auf dem sich zum Beispiel Brötchen backen lassen, während daneben gleichzeitig ein Steak brutzelt.

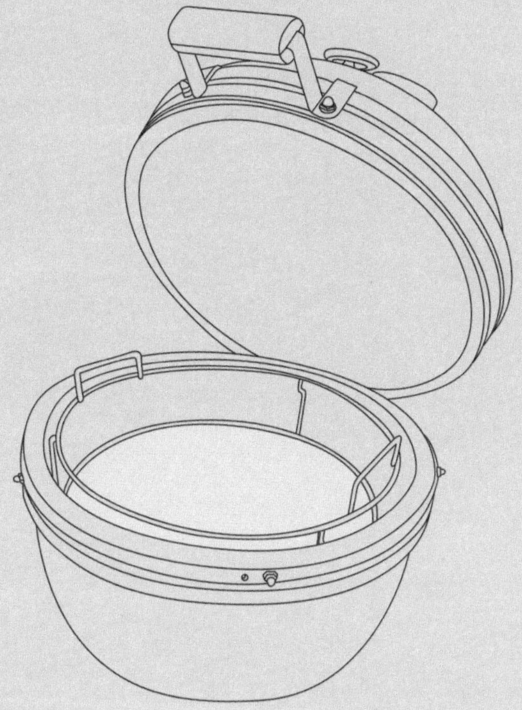

BACK- UND PIZZASTEIN

Durch das Einsetzen des Back- und Pizzasteins verwandeln Sie Ihr EGG in einen perfekten Back-/Pizzaofen. Der gleichmäßig zirkulierende Heißluftstrom entzieht der Teigoberfläche effektiv Feuchtigkeit, sodass wunderbar knusprige Brote, Pizzen und Backwaren gelingen.

GUSSEISENROST

Für perfektes scharfes Anbraten, tolle Grillspuren und hervorragende Hitzeverteilung müssen Sie lediglich einen Gusseisenrost einsetzen.

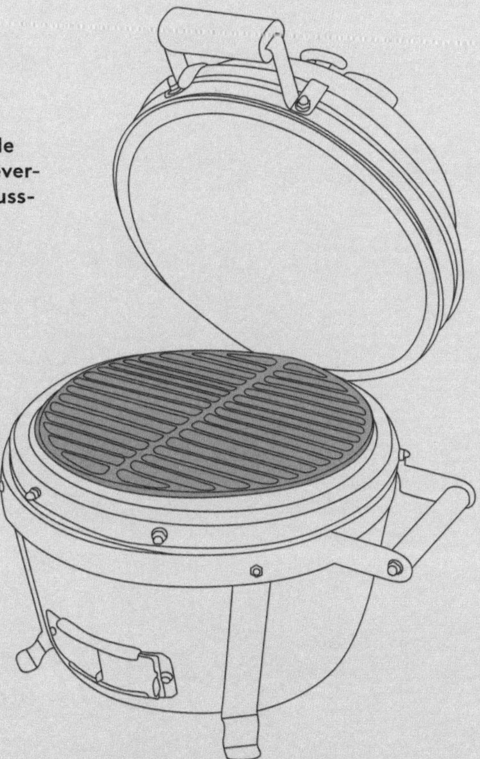

DUTCH OVEN

Mit effizienter Wärmeverteilung und ausgezeichneter Haltbarkeit ist der gusseiserne Dutch Oven eine unverzichtbare Ergänzung für Ihre BGE-Kollektion. Ideal für Suppen, Eintöpfe und Currys.

GUSSEISENPFANNE

Zum Anbraten, Schmoren, Backen, Sautieren oder Braten – die Gusseisen- oder Paellapfanne ist eines der vielseitigsten Accessoires, die es für das BGE gibt.

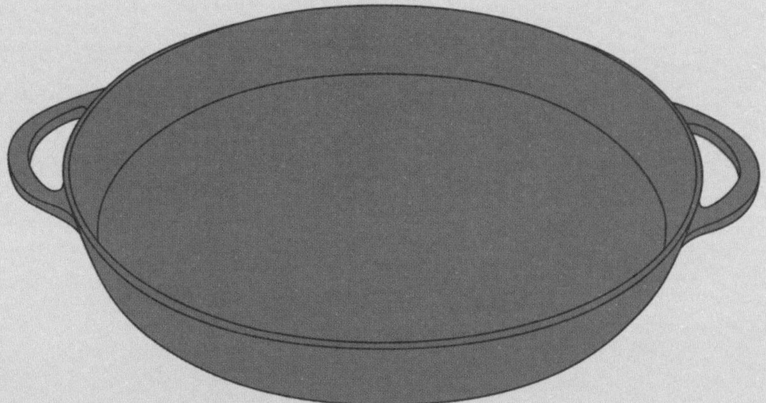

GRILLPLATTE AUS GUSSEISEN

Diese Platte (Plancha) ist mit einer geriffelten und einer glatten Oberflächenstruktur von beiden Seiten nutzbar und perfekt zum Sautieren von Gemüse und zum scharfen Anbraten von Fleisch und Fisch geeignet. Das vielseitige Accessoire macht authentisches Grillen bei hohen Temperaturen schnell und einfach.

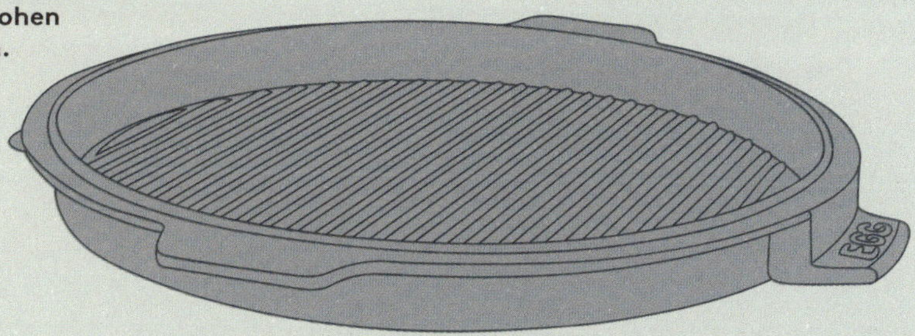

ConvEGGtor®

Ein Must-Have für alle »Eierköpfe«: Dieser clevere Keramikeinsatz verwandelt Ihr EGG im Handumdrehen in einen Umluftofen zum Backen, Low-and-Slow-Garen, Räuchern und Schmoren. Das dreibeinige Design fördert die Wärmezirkulation im EGG und schirmt Ihre Zubereitungen gleichzeitig vor der direkten Hitze der darunterliegenden Glut ab.

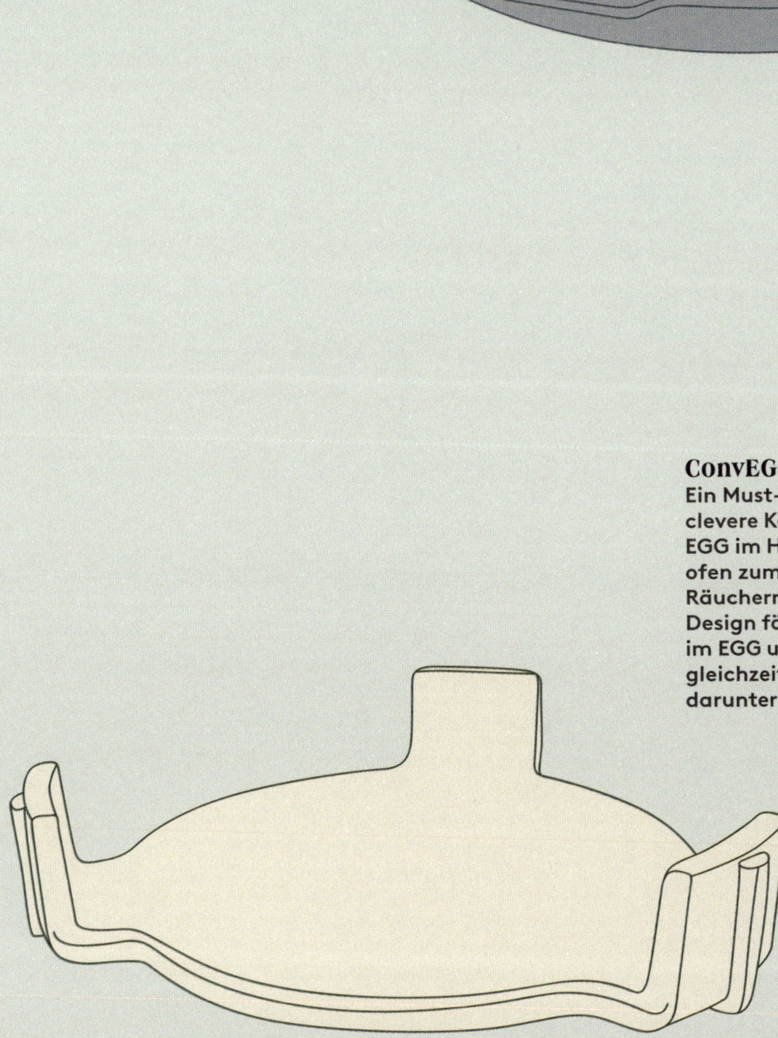

ALLES FÜR DAS BESONDERE AROMA

Kochen mit Feuer ist älter, als dass es sprachliche Mittel gibt, um darüber zu schreiben. Doch warum ist es immer noch so attraktiv? Warum packen wir, obwohl wir Küchen, Gasherde, Mikrowellen und Induktionsherde entwickelt haben, nach wie vor jeden Sommer den Grill aus, um wie die Urzeitmenschen Fleisch zu verbrennen?

Für einige ist es der Reiz von Feuer und Fleisch. Die Faszination, die Flammen zu beherrschen, stirbt scheinbar nicht aus, und es gibt kaum etwas, das so glücklich macht wie ein sonniger Nachmittag, an dem man ein gutes Stück gegrilltes Fleisch, außen wunderbar kross und innen herrlich saftig, genießen kann. So wie wir uns für die verschiedenen Kochtraditionen und Zutaten aus aller Welt begeistern und sich die Gartechniken über offenem Feuer weiterentwickeln, lassen sich auch immer weitere aromatische Finessen entdecken. Heute geht es beim Kochen im Freien nicht mehr nur darum, ein Steak von außen zu bräunen oder ein paar billige Würstchen zu verkohlen. Vielmehr geht es um die tolle Kruste eines Schinkenbratens, die feinen Aromen eines japanischen Yakitori oder die Raffinesse eines langsam gegrillten Steinbutts nach galizischer Art.

Das Grillen im Freien gehört mittlerweile zum festen Repertoire einer neuen Generation von (Hobby-)Köchen und Köchinnen. Mag sein, dass darin immer noch etwas Macho-Gehabe mit Messer und Feuer steckt, aber im Vordergrund scheinen mir doch eher Raffinesse, ehrliches Handwerk und vor allem aromatische Vielfalt zu stehen.

Physiker*innen, Feuerwehrleute, Pyroman*innen und Grillmeister*innen kennen den Begriff »Verbrennungsdreieck« sicherlich. Dabei handelt es sich um die drei Dinge, die nötig sind, damit sich ein Feuer entzünden kann: Wärme, ein brennbares Material und Sauerstoff. Ein Feuer zu entfachen und zu kontrollieren bedeutet, alle drei Elemente im Griff zu haben.

Wir kommen später noch ausführlicher darauf zu sprechen, wie die drei Komponenten eines Feuers beherrscht werden können. Aber zunächst wollen wir uns mit einem anderen Dreieck befassen – jenem, das bestimmt, wie ein Gericht letztendlich schmeckt, und das man als »Aromadreieck« bezeichnen könnte. Sofern die drei Komponenten ausgewogen sind und harmonieren, lässt sich auch das gewünschte Aromaprofil erzielen, denn nicht nur die Qualität und die Verarbeitung der Zutaten, sondern auch das verwendete Brennmaterial und die Kochutensilien und Gerätschaften spielen eine entscheidende Rolle für das Geschmackserlebnis.

Schauen wir uns die einzelnen Faktoren nacheinander an.

BRENNMATERIAL

Das älteste Brennmaterial für Kochfeuer ist Holz. Auch Dung hat eine lange Geschichte, doch diesen Teil der Geschichte möchte ich hier lieber nicht erwähnen. Holz kann vom Boden aufgesammelt oder frisch geschlagen werden, in letzterem Zustand ist es jedoch nicht ideal für ein gutes Kochfeuer. Frisches Holz und alles, was eine Weile in der Natur gelegen hat, enthält viel Feuchtigkeit, entweder in Form von Pflanzensaft oder Wasser, das von außen in die Holzfasern eingedrungen ist.

Feuchtes Holz ist ein ineffizienter Brennstoff. Es ist schwer zu transportieren, und das Feuer benötigt eine große Menge Energie, um die Feuchtigkeit zu verdampfen. Das Zischen und Knacken, das man hört, wenn man ein nicht gut getrocknetes Holzscheit ins Feuer wirft, entsteht durch das Aufplatzen der Holzfasern durch kochendes Wasser. Die Wärmeenergie, die für den Verdampfungsprozess erforderlich ist, wird nicht auf das Gargut übertragen. Andere Flüssigkeiten im Holz sind hingegen sehr vorteilhaft: Öle, Harze und andere flüchtige Verbindungen brennen auch bei niedrigen Temperaturen und erzeugen einen dichten, rußigen Rauch, der am Gargut haften bleibt und einen köstlichen Geruch verströmt. Das weiß jeder, der schon einmal einen Abend am Lagerfeuer verbracht hat. Diese Aromastoffe haften an Lebensmitteln ebenso gut wie an Kleidung und Haaren und eignen sich hervorragend zum Kalträuchern – denken Sie an Lachs oder Pulled Pork. Wenn diese schwer zu kontrollierenden Aromastoffe zu heiß verbrennen, entwickeln sie jedoch ein beißendes Aroma, weshalb viele Lagerfeuergerichte unangenehm verbrannt und nicht wunderbar rauchig schmecken.

Unsere Vorfahren haben sich sicherlich bei der Zubereitung ihrer Mahlzeiten kaum Gedanken um Geschmack und Aromen gemacht. Für uns ist es vielleicht schön, ab und zu ein rauchiges Kotelett auf dem Teller zu haben, aber wenn jede Mahlzeit nach feuchtem Holz aus dem heimischen Kiefernwald schmeckte, wäre das ziemlich eintönig. Unter anderem deshalb greifen Grillprofis auf der ganzen Welt vorzugsweise zu Holzkohle.

Holzkohle ist eine tolle Sache. Sie ist leicht, verbrennt sehr effizient und produziert wenig Asche und Rauch. Sie erzeugt so viel Wärme, dass sie sogar zum Schmelzen und Schmieden von Metall verwendet wurde.

Holzkohle entsteht durch die Ausnutzung des Verbrennungsdreiecks, indem man Holz unter Sauerstoffentzug erhitzt, sodass es eher »gart« als verbrennt. Erhitzt man Holz in einem geschlossenen Behälter, im Labor wie in der industriellen Produktion als »Retorte« bezeichnet, werden ihm Feuchtigkeit und flüchtige Bestandteile vollständig entzogen. Durch den Luftabschluss verbrennt das Holz nicht wirklich, sondern verkokelt zu Holzkohle – ein Prozess, der Pyrolyse genannt wird.

Traditionell wurde Holz dort verkohlt, wo es geschlagen wurde. Warum sollte man schweres, nasses Holz abtransportieren, um es anderswo zu verarbeiten, wenn man die Arbeit vor Ort erledigen kann? In allen waldreichen Gegenden Europas schichteten Köhler das gefällte Holz zu Haufen auf, die mit feuchter Erde versiegelt wurden, damit keine Luft mehr eindringen konnte. Diese Meiler wurden am Boden mit einem kleinen Feuer angezündet, sodass sich die Hitze im Haufen ausbreiten konnte und das Holz kochte und verkohlte. Das dauerte bis zu einer Woche. Dabei mussten die Köhler den Meiler stets im Auge behalten, die Erdhülle ausbessern und darauf hoffen, dass die Verkohlung vollständig funktionierte und – noch wichtiger – keine Luft eindrang und der gesamte Haufen zu Asche verbrannte.

Bei erfolgreicher Verkohlung hatten die Köhler günstiges Holz in eine kleine, leichte Menge sehr wertvollen, reinen Brennstoff verwandelt. Doch schon beim kleinsten Fehler konnte sich alles buchstäblich in Rauch auflösen.

Heute wird Holzkohle im Allgemeinen in modernen, sicheren und verlässlichen Anlagen hergestellt. Sehr billige Holzkohlebriketts werden aus Kohlestaub hergestellt, der mit einem stärkehaltigen Bindemittel gepresst und manchmal sogar mit Brandbeschleunigern versehen ist, damit sich die Briketts leichter anzünden lassen. Wenn es Sie nicht stört, dass Ihr Würstchen nach Kerosin schmeckt, ist nichts dagegen einzuwenden. Anspruchsvolle Hobbyköche bevorzugen eher stückige Holzkohle, die aus großen Hartholzscheiten in Retorten verkohlt worden sind – manchmal auch durch Hitze, die bei der Verbrennung der flüchtigen Eigenbestandteile generiert wird. (Baumharze und Holzteer sind ausgezeichnete brennbare Substanzen.) Holzkohle aus Stückholz sieht außerdem auch toll aus: schwarz-glänzend und mit erkennbarer Holzstruktur – fast wie Fossilien.

Für Restaurants sind konstante Qualität und Kosteneffizienz entscheidende Holzkohle-Kriterien. Wenn man sich die Glut dort genauer anschaut, erkennt man, dass die Holzkohle aus sechseckigen Scheiten mit einem Loch in der Mitte besteht, wobei alle dieselbe Größe und Dichte sowie eine maximale Brennfläche haben. Dafür wird Sägemehl unter sehr hohem Druck gepresst und anschließend in Retorten pyrolysiert. Diese Technologie wurde in den 1960er-Jahren in Japan entwickelt und das Produkt als Ogotan oder Ogalit vermarktet. Heute wird diese spezielle Holzkohle auf der ganzen Welt produziert. Sieht man mal von der fehlenden Romantik traditionell hergestellter Holzkohle ab, sind diese Briketts ein perfektes, konsistentes Feuermaterial.

Die hochwertigste, exklusivste Holzkohle dürfte die legendäre japanische Binchotan sein, die traditionell in der Präfektur Wakayama durch die Verkohlung von

Ubame-Steineichenholz bei sehr hohen Temperaturen hergestellt wird. Die Kohle hat einen extrem hohen Reinheitsgrad, sodass zwei gegeneinandergeschlagene Kohlestücke fast wie Glocken klingen. Binchotan entwickelt eine sehr große Hitze – ohne Rauch, Flammen oder Geruch. Für einen kleinen Tischgrill, bei dem es auf Präzision ankommt – zum Beispiel für zarte Fleischstücke oder -spieße auf einem Konro-Grill –, ist Binchotan perfekt, wenngleich sie sehr teuer ist. Für Grills nach westlicher Art wäre diese japanische Kohle reine Verschwendung.

Natürlich hat aber auch die preiswerteste, einfachste Holzkohle alles, was für Aroma sorgen kann. Teurere Holzkohle ist eben einfach reiner.

Hochwertige Holzkohle ist außerdem eine hervorragende Hitzequelle. Je nach Holzart gibt Holzkohle ein Aroma ab, das Ihre Speisen abrundet. Außerdem entstehen Aromastoffe, wenn Saft oder Fett des Garguts auf die heiße Holzkohle tropft und unter Rauchentwicklung verbrennt. BGE verwendet für seine eigene Stückholzkohle eine Mischung aus Buche und Hainbuche.

Wie es sich für eine qualitativ hochwertige Holzkohle gehört, enthält die naturbelassene Holzkohle von BGE keine Petroleumzusätze oder Chemikalien, die den Verbrennungsprozess anregen, sodass keine unangenehmen Aromen auf Ihre Speisen übertragen werden, wie es bei günstiger Holzkohle der Fall sein kann. Mit dem Kauf von hochwertiger Holzkohle entscheiden Sie sich für mehr Aroma und Geschmack und vermeiden, dass Ihre Speisen mit unerwünschten Chemikalien verunreinigt werden. Im Fall von BGE-Holzkohle haben Sie außerdem die Gewissheit, dass das verwendete Holz aus biologischem Anbau und nachhaltiger Forstwirtschaft stammt. Unterschiedliche Aromen können Sie durch die Zugabe von Hickory-, Mesquite- oder Apple-Holzstücken bzw. Hickory-, Pecan-, Cherry- oder Apfel-Holzchips erzielen. Probieren Sie sie aus und nehmen Sie die unterschiedlichen Aromanoten bei Ihren Gerichten wahr. Für die meisten Grillfans ist die Zugabe von Holzstücken und -chips die effizienteste und bequemste Art.

Trotz der aufwendigen Verarbeitung des Holz', indem durch Verkohlung Feuchtigkeit und flüchtige Bestandteile entzogen werden, mag es seltsam erscheinen, eine Handvoll gut eingeweichter Apfelholzspäne auf die heiße Glut zu werfen. Aber nur dadurch entwickelt sich eine kleine, kontrollierbare Menge Rauch und Dampf – gerade genug, um beim Garen an der Oberfläche des Garguts zu haften.

Apfel-, Hickory-, Pekannuss-, Mesquite- und Kirschholz sind gängige Räucheraromen. Erle und Zeder können Fischgerichten eine besondere aromatische Note verleihen, während Birkenchips für einen skandinavischen Touch sorgen. Raucharomen lassen sich aber nicht nur mit Holz erzielen. Auch Heu, frische Wacholder-, Rosmarin- oder Ysopzweige bringen tolle Aromen ins Spiel, die bei übertriebenem Einsatz allerdings problematisch sein können. Sparsam eingesetzt hingegen können sie zum Feintuning genutzt werden und eine gute Holzkohle deutlich aufwerten, sodass Sie mit Ihrem BGE nicht nur grillen, sondern auch räuchern können. Die Möglichkeiten sind endlos.

VERBRENNUNGSDREIECK

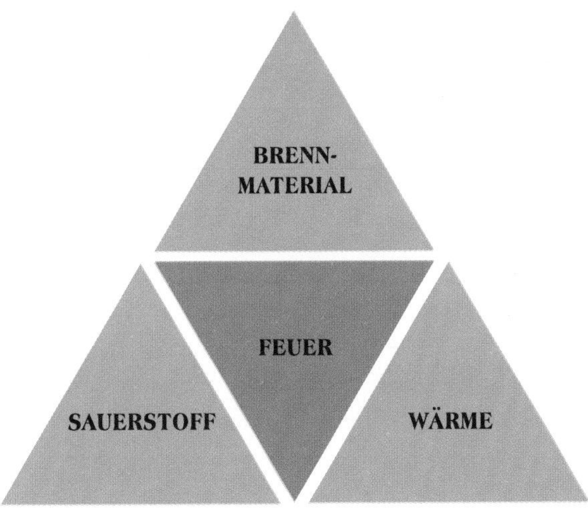

AROMADREIECK

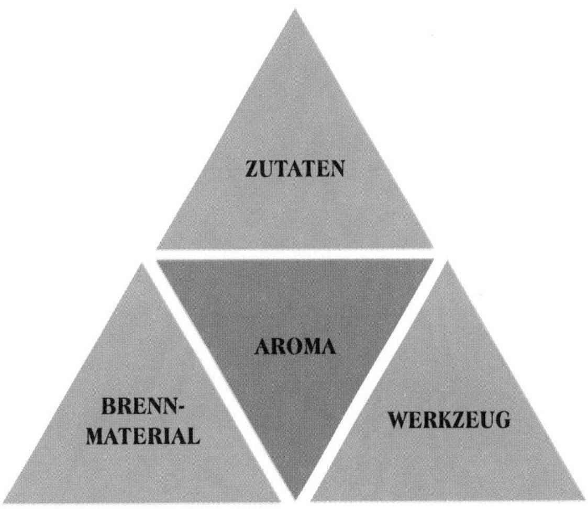

Big Green Egg
The Ultimate Cooking Experience
100% Natural Oak and Hickory
BigGreenEgg.com
NET WT. 20 LB.
MADE IN USA

Big Green Egg
QUALITY
Big Green Egg
The Ultimate Cooking Experience
100% Natural Oak and Hickory
PREMIUM LUMP CHARCOAL
100% DE CARBÓN NATURAL DE TROZ
CHARBON NATUREL À 100% EN MORCEAUX
100% NATÜRLICHE HOLZKOHLE
100 % NATUURLIJK LOSSE HOUTSKOOL
BigGreenEgg.com
NET WT. 20 LB.
(9.07 Kg)

WERKZEUG UND EQUIPMENT

1. FEUER UND GLUT

Auch ganz ohne Gerätschaften kann man grillen. Einige Restaurants bieten heute sogenannte dirty gegarte Steaks an – hochwertiges Fleisch, das einfach gewürzt direkt auf weißglühende Kohlen gelegt wird. Das mag auf den ersten Blick abschrecken, doch das Steak wird dadurch keineswegs schmutzig. Vielmehr wird es bei Temperaturen gegart, die kein Krankheitserreger überleben kann. Diese Gartechnik ist wohl die ursprünglichste, mit der das Garen auf dem Feuer begonnen hat.

Die vielleicht nächsteinfache Grillmethode ist, das Gargut über die Flammen zu halten, ohne dass das Gargut mit Asche in Berührung kommt. Jeder, der schon einmal an einem Lagerfeuer saß, kennt die Methode, das Essen auf einen Spieß zu stecken. Das kann auch ein spitz zugeschnittener Zweig sein. Die aufgespießte Speise kann mühelos über und in den Flammen hin- und herbewegt werden. Auf diese Weise ist die Hitzezufuhr sehr gut kontrollierbar, erfordert aber ständige Aufmerksamkeit, und man kann allenfalls ein paar Bissen für sich selbst zubereiten, keinesfalls für die ganze Sippe.

Um größere Mengen zu garen – ein ganzes Tier oder einen Fisch –, ist es sinnvoll, einen größeren Spieß vorzubereiten, ihn durch das tote Tier zu stecken und quer auf ein Gestell zu legen, auf dem er gedreht werden kann, damit nichts verbrennt. Eine Alternative war der allererste Vorfahre des modernen Grills, ein aus dünnen grünen Stöcken geflochtenes Gitter, das von indigenen mittelamerikanischen Völkern verwendet wurde und auf dem viele Grillstücke auf einmal gegart werden konnten. Die Technik funktionierte aber nur bei geringer Hitze, da die Stöcke ja selbst brennbar waren. Der Effekt war, dass die Nahrungsmittel wohl eher geräuchert bzw. getrocknet als gegrillt wurden, aber das Grundprinzip war erfunden. Einige spanische Kolonisatoren bezeichneten diese Technik als »barbacoa«, was mitunter als Wurzel des Wortes »Barbecue« gesehen wird.

(Kurioserweise verwendeten die spanischen Eroberer den Begriff auch für eine langsame Gartechnik in einer länglichen Grube, die von den Taíno-Völkern in der Arawak-sprachigen Karibik praktiziert wurde und auch als Ursprung des amerikanischen Barbecues, des Räucherns und Bratens bei niedrigen Temperaturen gilt.)

All diese Gartechniken datieren bereits aus dem vormetallischen Zeitalter, da nur Holz und Steine dafür erforderlich waren, und ihre variantenreiche Entwicklung war in allen Kulturen zu beobachten. Es ist also kaum möglich, irgendeine Methode des Feuergarens auf einen einzigen kulturellen, historischen oder geografischen Ursprung zurückzuführen.

Mit dem Metallzeitalter kamen neue Kochinstrumente auf. Roste und Spieße waren nun feuerfest, sodass Speisen jeder Größe über offenem Feuer gegart und sogar eine Zeit lang unbeaufsichtigt gelassen werden konnten. Metallplatten konnten zum Anbraten von Fleisch verwendet werden, ohne dass es in Berührung mit den Flammen kam und verkokelte. Spieße leiteten die Hitze ins Innere des Garguts, was den Garprozess beschleunigte und gleichmäßiger gestaltete.

Bereits damals dürfte aufgefallen sein, dass es einen Unterschied macht, ob man das Gargut direkt ins Feuer hält oder sich seine Wärmestrahlung zunutze macht. Ein Feuer ist toll, um Marshmallows oder Brot zu bräunen, aber was eigentlich zählt, ist die Glut. Damit lässt es sich am besten garen. Über Generationen hinweg haben Köche neue und bessere Möglichkeiten gesucht, um Hitze und Flammen zu trennen, um das zu erzeugen, was heute als »indirekte Hitze« bezeichnet wird: die Übertragung und Speicherung von Wärmeenergie in Steinen oder Ziegeln, lange nachdem das Feuer erloschen ist, wie wir es von Brot- und Pizzaöfen kennen. Ein Feuer unter einem Metallkasten »einzusperren« ist das Grundprinzip, aus dem sich zunächst der Schüröfen entwickelt hat, bis diese schließlich von mit Gas oder elektrischem Strom betriebenen Herden abgelöst wurden. Andere Techniken arbeiteten mit Deflektoren – Metallplatten, die die Wärmeenergie des Feuers auf das Gargut umleiteten, wieder andere mit der Konvektion, bei der durch eine Wärmequelle erhitzte Luft nach oben um ein Ablenkblech strömt, sodass ein feuerfreier Bereich mit sauberer, glühend heißer Luft entstand.

Jeder »Grill«, der heute entzündet wird, nutzt eins dieser Prinzipien oder ist eine Kreuzung davon. Die einfachsten Grills sind Schalen und Kästen, in denen ein Feuer gemacht und kontrolliert werden kann. Dabei kann es sich um Einwegartikel aus Alu handeln oder um Tischgeräte mit verstellbaren Grillhöhen. Es ist voreilig, diese einfachen Modelle als billig und primitiv zu bezeichnen, denn nach demselben Prinzip arbeiten auch der griechische Souvlaki-Grill, die argentinische Parrilla oder der japanische Konro – allesamt raffinierte Geräte, mit denen die köstlichsten Speisen zubereitet werden.

Viele Grillfans nutzen heute vorzugsweise Geräte mit Deckel, sodass sich die Hitze besser halten lässt – wodurch Speisen auch »gebraten« werden können –, und die Luftzufuhr unterbunden wird. Wenn das Feuer nicht offen ist, können Verbrennungsgeschwindigkeit und Temperatur des Feuers bzw. der Glut effektiv reguliert werden, indem durch Lüftungsventile am Kohlebett mehr oder weniger Luft eingelassen wird. Wenn das Gerät gut konstruiert ist und eine vernünftige Größe hat, kann man heißere und kältere Zonen schaffen, um verschiedene Zubereitungen gleichzeitig oder, noch praktischer, mit indirekter Hitze zu garen.

In den meisten westlichen Ländern sind solche Grills wahrscheinlich die beliebtesten Outdoor-Modelle. Sie sind groß, ähneln einem normalen Küchenherd, können bei jedem Wetter im Freien stehen, sind relativ leicht zu reinigen und können auch mit Gas betrieben werden. Sie haben die Form eines Klaviers oder sind kugelförmig.

Diese Grills lassen sich mit vielfältigem Zubehör ausstatten: Planchas, Rotisserien, Wok-Ringe und Griddle-Platten, und die meisten sind aus Metall, was ihr größter Nachteil ist. Metall ist ein ausgezeichneter Wärmeleiter, speichert Wärme aber nur sehr schlecht, das heißt, das Gerät erhitzt sich sehr schnell, kühlt aber ebenso rasch wieder ab. Wenn Sie etwas zubereiten, das kurz bei sehr starker Hitze gegart wird, ist das durchaus praktisch, aber bei längeren Garvorgängen wird es schwierig.

So wird ein Grill üblicherweise benutzt: Holzkohle wird in das Gerät geschüttet und angezündet, es kommt Luft daran, und die Holzkohle brennt mehr oder weniger schnell zu einer Glut hinunter. Das Grillgut kommt auf den Rost und gart entweder zu langsam oder verbrennt fast; es wird hin- und hergeschoben. Man spielt an den Lüftungsventilen herum, schüttet mehr Kohle dazu oder schiebt sie beiseite. Die Temperatur schwankt ständig. Jedes Mal, wenn Sie den Deckel öffnen, um nach dem Essen zu sehen, entweicht ein großer Teil der Wärme, nur die Glut selbst hält ihre Wärme über eine gewisse Zeit. Auf ein Zeit-Wärme-Diagramm für einen normalen Metallgrill übertragen, würde sich eine Kurvenlinie abzeichnen, die je nach Geschicklichkeit der Person, die den Grill bedient, mehr oder weniger steil verläuft. Für Grillgut, das kurz, bei sehr heißen Temperaturen gegart werden soll, ist es also am besten, wenn man eine aufsteigende Kurvenphase erwischt.

In anderen Teilen der Welt werden Grills aus anderen Materialien hergestellt. Eine Feuerschale aus Keramik speichert Wärme viel besser als ein Metallbehälter. Es wird weniger Brennstoff verbraucht. Die Wände des Ofens heizen sich sehr langsam auf, geben die gespeicherte Wärme aber auch viel langsamer ab. Eine Luftstromänderung wirkt sich zwar auf die Temperatur der Glut aus; diese Schwankungen können aber in der Regel durch die gespeicherte Wärme ausgeglichen werden. Der Kurvenverlauf ist flacher und gleichmäßiger, die Temperatur lässt sich besser kontrollieren. Diese in Asien weit verbreitete Art von Grill war die Inspiration für das Big Green Egg.

Solche Grills werden häufig als »Kamado« bezeichnet, obwohl es eigentlich das japanische Wort für einen ziegelsteingemauerten Küchenherd mit Holzkohle- oder Holzbefeuerung ist. Der kesselförmige Lehmofen gelangte von Korea nach Südjapan, wo er sich in den letzten Jahrzehnten zu einem idealen Outdoor-Ofen entwickelt hat.

Wie in der Einleitung erwähnt, war auch der damalige US-Soldat und Unternehmer Ed Fisher beeindruckt davon, wie gut das in dem eiförmigen Lehmofen zubereitete Essen schmeckt und er begann, ihn in die USA zu importieren. Als Ed 1974 den ersten Big Green Egg Store in Atlanta eröffnete, basierten die einfachen Lehmkocher, die er verkaufte, auf demselben Design und denselben Materialien wie schon vor Tausenden von Jahren.

Diese traditionellen Öfen lieferten zwar hervorragende Ergebnisse, waren aber auch sehr anfällig und für den Außenbereich wenig geeignet. Als das EGG immer beliebter wurde, passte Fisher das Design an die neuen hitzebeständigen Keramikmaterialien an, die von der NASA für Hitzeschilde von Raumfahrzeugen entwickelt worden waren. Das neue EGG vereinte also eine uralte Form des Kochens mit Raketenwissenschaft und war dadurch leistungsfähiger und robuster als alles andere auf dem Markt. Zusätzlich bot es eine bessere Wärmeisolierung.

Das Innovationsprogramm von BGE beschränkte sich nicht nur auf die Hightech-Hülle. Auch alle anderen Elemente des Geräts wurden einem dynamischen Forschungs- und Innovationsprogramm unterzogen, um dessen Handhabung und Vielseitigkeit zu verbessern. Das bedeutet, dass sich mit einem modernen EGG quasi jede vorstellbare Art des Feuerkochens nachbilden lässt, vom direkt auf den Kohlen gegarten »dirty« Steinzeit-Steak bis hin zu delikaten, asiatisch inspirierten Fischspießen. Im EGG kann erst ein großes Braten- oder Bruststück low and slow gegart und direkt danach eine Pizza gebacken werden, da sich das Gerät innerhalb von Minuten stark aufheizen und in einen Pizzaofen verwandeln lässt, in dem eine Pizza gelingt, die einem neapolitanischen Meisterpizzaiolo zur Ehre gereichen würde.

2. GAREN

Da Sie jetzt die Hitzeregulierung in Ihrem EGG im Griff haben, können wir uns der »Batterie de Cuisine« zuwenden, dem Küchenequipment. Das reicht vom Thermometer zur Überwachung der Oberflächen- und Kerntemperaturen über das Kochgeschirr bis hin zu praktischen Küchenhelfern, die die Vor- und Zubereitung der Speisen vereinfachen.

THERMOMETER

Traditionalisten sind allzu moderne Hilfsmittel beim Kochen manchmal nicht ganz geheuer und sie verlassen sich lieber auf ihr Fingerspitzengefühl. Das ist in Ordnung, solange man versteht, dass es beim Kochen um Zeit und Temperatur geht. Wer Thermometer verweigert, kann eigentlich auch gleich auf die Uhr verzichten.

In der Kuppel des EGG ist ein mechanisches Thermometer eingebaut, das die Lufttemperatur im Garraum anzeigt, ohne dass der Deckel geöffnet werden muss. Es handelt sich um ein einfaches Bimetall-Thermometer, bei dem sich die fest verbundenen Metalle bei Temperaturschwankungen unterschiedlich stark ausdehnen bzw. krümmen und so die Nadel auf der Anzeige bewegen.

Diese Technik gibt es seit dem frühen 19. Jahrhundert und ist so robust, dass sie auch in Industrieöfen und Schmieden funktioniert. Heutige Köche verlassen sich jedoch nicht nur auf die Ofentemperatur, sie prüfen auch die Kerntemperatur des Garguts, um den Garfortschritt beurteilen zu können.

Nehmen wir einen gewöhnlichen Sonntagsbraten – aufgrund seiner gleichmäßigen Textur und der kompakten Form ist ein Stück aus der Rinderoberschale als Beispiel besonders gut geeignet.

Unsere Eltern und Großeltern hätten so einen feinen Rinderbraten bei etwa 180 °C in den Ofen geschoben und anhand von Rezeptangaben oder Erfahrungswerten grob geschätzt, wie gar das Fleisch nach einer bestimmten Zeit ist. Bei größeren Bratenstücken kam es durchaus vor, dass das Fleisch (insbesondere bei Geflügel) außen schon bedenklich dunkel, innen aber noch nicht annähernd durchgegart war. Deshalb empfehlen wir bei vielen Rezepten, das Fleisch während des Garens mit Alufolie abzudecken. Rindfleisch ist bei einer Kerntemperatur von 57 °C rosa (medium-rare) gegart.

Das würde auch bei unserem Beispielbraten zu einem »Temperaturgradienten« führen. Soll der Braten rosa (medium-rare) gegart werden, muss die Kerntemperatur 57 °C erreichen. Außen ist der Braten 180 °C heiß, das heißt, zwischen Außen- und Kerntemperatur herrscht ein starkes Gefälle. Um diesen Unterschied auszugleichen, wurde lange Zeit empfohlen, das Fleisch nach dem Garen ruhen zu lassen, sodass die Oberfläche abkühlt, der Kern aber weitergart. Ab diesem Punkt werden verlässliche, konstante Ergebnisse zur Lotterie.

Moderne Köche und Köchinnen, wissen, dass es eine andere Möglichkeit gibt, Fleisch präzise auf 57 °C zu erhitzen, und zwar indem man es bei genau 57 °C sehr lange in einen Topf gibt. Die beliebteste Methode ist die Sous-vide-Technik, bei der das Fleisch vakuumiert in einem Wasserbad gart. Irgendwann hat das Fleischstück auch innen die vorgegebene Temperatur erreicht, kann aber auf keinen Fall heißer werden und übergaren.

Im Internet gibt es zahlreiche Tabellen, die die minimale Garzeit pro Gewichtseinheit angeben. Sous-vide gegartes Fleisch ist perfekt auf den Punkt gegart und braucht nur noch kurz gebräunt zu werden, zum Beispiel ein paar Sekunden pro Seite auf einem glühend heißen BGE.

Sous-vide-Garen hat den enormen Vorteil, dass Sie nie wieder ein schlecht gebratenes Steak in einem Restaurant essen müssen. Es gibt keine Ausrede dafür, dass die Garstufe nicht perfekt getroffen wird. Darüber hinaus vermittelt uns die Technik ein besseres Verständnis für die Bedeutung der Kerntemperatur.

Gute digitale Küchenthermometer gibt es mittlerweile schon ab 10 bis 15 Euro, entweder online oder in Küchenläden und Kaufhäusern. Es gibt also keinen Grund, auf die Messung der Kerntemperatur zu verzichten, sodass unpräzise Rezeptangaben, über- oder untergarte Gerichte und Lebensmittelvergiftungen durch nicht durchgegartes Geflügel im Sommer hoffentlich bald der Vergangenheit angehören.

Abgesehen von der genauen Bestimmung der Kerntemperatur bieten moderne Küchenthermometer weitere technische Features. Es gibt Geräte, bei denen die Sonde über ein hitzebeständiges Kabel mit der Messeinheit befestigt ist, sodass der Fühler im Gargut stecken bleibt, der Deckel darüber geschlossen und die Temperatur jederzeit schnell von der Messeinheit abgelesen werden kann. Andere Modelle arbeiten mit Bluetooth-Technologie, sodass Sie sich per Smartphone-App über die Fortschritte Ihres Bratens informieren können.

Die neueste Entwicklung zum Zeitpunkt der Drucklegung dieses Buches sind Metallspieße mit eigenem Sender, mit denen Sie gleichzeitig mehrere Gerichte bzw. ein Gericht an mehreren Stellen im Auge behalten können, um die Temperatur zu kontrollieren.

Das mechanische Thermometer in der Kuppel des Big Green Egg ist für seine Zweck hervorragend geeignet. Es hat die bewährte, robuste Zuverlässigkeit analoger Geräte. Noch ist es nicht möglich, von einem bequemen Liegestuhl aus Ihrem Braten auf einem riesigen Mission-Control-Bildschirm beim Garen zusehen und die Temperatur jedes einzelnen Punktes abzulesen – aber das ist bestimmt nur eine Frage der Zeit.

WERKZEUGE

Die Auswahl an Grillwerkzeugen ist immens groß. Viele sind teuer, aber das müssen sie nicht sein. Vor allem sollten Sie wissen, dass man nicht alles und jedes braucht.

Eins der wichtigsten Utensilien ist die Grillzange. Das Problem dabei ist, dass Grillwerkzeuge naturgemäß langstielig sein müssen, um Hände und Arme vor der Grillhitze zu schützen, was gleichzeitig dazu führt, dass sie mitunter etwas unpraktisch sind. Das Grillgut lässt sich nicht gut greifen oder man verrenkt sich die Arme, und schon gerät alles außer Kontrolle.

Viele Grillfans arbeiten gerne mit günstigen »Alligator«-Zangen: Edelstahlzangen, deren Schenkel sich an den Enden zu einer Art Löffel ausweiten, die es für kleines Geld in jeder Küchenabteilung gibt. Manche sind an den Enden auch mit Silikon beschichtet, das sogar der Hitze des EGG standhält. Die Zangen sind erstaunlich robust, und wenn die Spannung nachlassen sollte oder etwas kaputtgeht, lassen sie sich günstig ersetzen.

Allerdings sind diese Zangen relativ kurzstielig. Sie sind gut geeignet, um Gargut abseits der größten Hitzezone zu handhaben. Insgesamt ist es aber sinnvoller, die Zange beiseitezulegen und in einem glühend heißen Garraum mit langstieligen Hilfsmitteln wie Gabel und Haken zu hantieren.

Eine lange Grillgabel mit zwei Zinken ist das wichtigste Instrument zum Wenden und Verschieben von Gargut auf einem heißen Grill. Sie sollte robust, stabil und lang genug sein, um alle Zubereitungen auf der EGG-Garfläche zu erreichen, ohne dass Ihre Hände und Arme ebenfalls gegart werden. Wenn Sie Ihre Geschicklichkeit noch weiter trainieren wollen, sollten Sie sich nach dem Werkzeug umsehen, zu dem auch Pitmaster und Tandoori-Köch*innen bevorzugt greifen: einen langen, angespitzten Haken, der wie eine Armverlängerung fungiert und, wenn man sich erst daran gewöhnt hat, bemerkenswert fein und präzise geführt werden kann.

Von Big Green Egg gibt es ein tolles Gerät zum Entfernen der Asche, das aussieht wie ein Croupier-Schieber. Auch beim Grillen erweist es sich als überaus praktisch, um dem Grillgut besser auf die Gabel zu helfen. Ein Haken erhöht den Nutzen noch.

Schließlich sollten Sie sich ein paar gute Handschuhe zulegen. Alles, was mit einem lustigen Spruch bestickt ist, können Sie getrost in die Tonne werfen. Wann haben Sie je eine*n Schweißer*in gesehen, die/der Handschuhe mit der Aufschrift »Keep Calm and BBQ On« trägt?

Beim Garen mit dem EGG ist es mitunter nötig, Zubehörteile zu bewegen, die extrem heiß sind. Zum Glück ist die Technologie schon wesentlich weiter als die vermeintlich lustigen Kochhandschuhe und hat alle möglichen Arten von Hightech-Silikonhandschuhen entwickelt. Das Wichtigste ist, dass Sie Ihre Finger einzeln bewegen können und beim Hantieren mit glühend heißen Gegenständen nicht in unpraktischen riesigen Fäustlingen stecken.

Für Technikfans gibt es hervorragende Handschuhe aus Nomex, einem Material das auch für die Kleidung von Kampfpiloten, Feuerwehrleuten und Rennfahrern verwendet wird. Sie sind unglaublich effizient, solange sie ganz trocken bleiben (siehe Hinweis auf Seite 38). Auch von BGE gibt es EGGMITT Grillhandschuhe aus feuerfesten Aramidfasern mit Silikonpolsterung – eine praktische Ergänzung für Ihr Grilloutfit. Eine weitere Option sind Schweißerstulpen aus dickem, unbehandeltem Leder, mit denen Schweißer*innen, Gießer*innen, Schmied*innen und Metallarbeiter*innen Hände und Unterarme schützen und die deshalb auch für alle Arbeiten am heißen Grill geeignet sind.

Zu guter Letzt sollten Sie wie ein Kochprofi immer zwei Tüchern tragen: eines am Gürtel und eines über der Schulter. Mit dem einen wird alles Nasse und Feuchte abgewischt und getrocknet. Das andere darf nicht nass werden, weil es zusammengefaltet zum Anfassen von heißen Pfannen, Töpfen und Tellern dient. In Profiküchen ist es üblich, trockene Tücher an einer bestimmten Stelle zu tragen, sodass man im Notfall auch schnell zum trockenen Tuch der Kollegin greifen kann.

THE LAW REQUIRES
YOU TO WEAR
YOUR SEATBELT

HINWEIS:
Unabhängig davon, wie Sie Ihre Hände und Arme vor der großen Hitze schützen, sind die Maßnahmen nutzlos, wenn der Schutz nass bzw. auch nur feucht ist. Tauschen Sie Tücher oder Handschuhe sofort aus. Wenn nämlich die darin enthaltene Feuchtigkeit mit Hitze in Kontakt kommt, verwandelt sie sich in Wasserdampf, der die meisten Gewebe schnell durchdringt und die Hitze aggressiv überträgt. Die schlimmsten Verbrennungen bzw. Verbrühungen in der Küche entstehen durch Wasserdampf. Achten Sie darauf, dass Ihre Hände völlig trocken sind, bevor Sie Handschuhe anziehen.

SPEISEN ZUBEREITEN

Die meisten Outdoor-Kochgeräte sind mit einem Grillrost ausgestattet, der in der Regel aus hochwertigem, leicht zu reinigendem Edelstahl besteht. Für das BGE gibt es zusätzlich schwere Grillroste aus Gusseisen, die sich schnell erhitzen und auf Fleisch oder Fisch schöne Grillstreifen hinterlassen können, sowie viele weitere sorgfältig entwickelte Zubehörteile und Accessoires, mit denen Sie mit Ihrem EGG verschiedenste Speisen zubereiten und die interessantesten Zubereitungstechniken aus aller Welt ausprobieren können.

Die Garfläche kann ganz oder teilweise mit einer gusseisernen Grillplatte ausgestattet werden, die auch unter der spanischen Bezeichnung »Plancha« bekannt ist, seltener auch als japanischer Teppanyaki-Grill, Flat-Top bzw. Flachgrill.

Wenn Sie Ihr Gericht in einem Kochgeschirr zubereiten, weil es Flüssigkeit enthält oder besonders kleinteilig ist, können Sie einen normalen Topf auf den Grill setzen, in dem sich bei einem dicht schließenden Deckel auch schmoren lässt. Besonders zu empfehlen sind hierfür ein Dutch Oven, ein hoher Gusseisentopf, der in der afrikanischen, (süd-)asiatischen, amerikanischen und karibischen Küche beliebt ist, oder eine klassische Kasserolle. In beiden Fällen ist Gusseisen das beste Material, vorzugsweise unbeschichtet. Wie gut eine helle Emaille-Oberfläche die Prozedur übersteht, ist ungewiss.

Da sich die Hitze im EGG sehr gut regulieren lässt, kommen auch schonende, sanfte Garmethoden bzw. empfindliches Gargut in Betracht, die sich nicht für den direkten Kontakt mit Grillrost oder Plancha eignen. Metallkörbe erleichtern die Handhabung von zartem Fisch, der gerne am Rost haften bleibt bzw. beim Wenden mit Gabel und Zange schnell zerfällt. Solche Körbe bzw. Gitter gibt es für Rund- und Flachfische, und sogar speziell für ein halbes Dutzend Sardinen. Für Yakitori-Spieße gibt es ähnliche Drahtgitterhalter mit Schließklemmen und langem Griff, in denen sich nicht nur Spieße, sondern auch klein Geschnetzeltes einklemmen lässt. Man kann es rasch über starker Hitze garen, mit einer Glasur oder Gewürzen aromatisieren und dann noch einmal garen.

Auf dieser Technik, bei der das Gargut (vor allem Fisch) erhitzt, durch die Zugabe von Aromaten leicht abgekühlt und dann unter ständigem Wenden weitererhitzt wird, beruht auch die galizische Zubereitungsmethode für ganzen Steinbutt, bei der der Fisch wiederholt mit Öl, Wasser und Salz bestrichen wird. Bei einer vergleichbaren argentinischen Methode werden ganze Schafe unter ständigem Wenden gegrillt und dabei mit einer Salzlake bestrichen. Dadurch wird der Garprozess verlangsamt und die Aromen werden intensiviert.

Lange Zeit bestand Grillen vor allem aus großen Fleischlappen, Bratwürsten und großer Hitze. Aber nicht zuletzt durch die südostasiatische und japanische Küche haben wir entdeckt, dass kleine Grills zu noch interessanteren Aromen und Texturen führen. Streetfoodleckerbissen werden in unterschiedlichen Ländern oft auf sehr kleinen, gut regulierbaren Holzkohlegrills zubereitet, unter anderem als praktische Spieße. Man denke an Souvlaki, Suya, Seekh, Schawarma, Saté, Schisch-Kebab ... um nur einige Vertreter mit S aufzuführen.

Kleine Fleisch- oder Fischstücke nehmen Marinaden und Gewürze gut auf und garen sehr schnell, weil die Oberfläche relativ groß ist. Die Spieße selbst werden zum Serviergerät und Essbesteck. Das ist nicht nur ökonomisch für den Straßenverkauf, sondern bietet auch kreative Möglichkeiten. Mit Spießen lassen sich tolle Aromen erzielen – vorausgesetzt die Hitze lässt sich gut kontrollieren und Sie halten die Spieße in Bewegung.

Das Garen am drehenden Spieß ist eine uralte Kochtechnik, die große Vorteile bietet. Wenn Sie ein Stück Fleisch in der Nähe des Feuers in Rotation halten, verteilt sich die Hitze gleichmäßig, und das Fleisch verbrennt nicht so schnell. Diese Tatsache macht sich der vertikale Drehspieß, den man von der Dönerbude kennt, zunutze. Noch besser ist es, das Fleisch um die horizontale Achse zu drehen: Dabei wird die Unterseite des Grillguts durch das Feuer erhitzt, das Fett schmilzt und es tritt Fleischsaft aus. Wenn die Unterseite langsam nach oben gedreht wird, fließen Fett und Saft über das Fleischstück nach unten und begießen es, während gleichzeitig eine andere Fläche erhitzt wird – und der Prozess beginnt von vorne. Elektrisch angetriebene Grillspieße sind eine echte Bereicherung für Ihr EGG: Das Fleisch bleibt saftig, die Gefahr des Über- oder Untergarens wird verringert, und Sie können das Grillgut sogar einige Zeit unbeaufsichtigt lassen.

Zu guter Letzt sollten noch einige Werkzeuge erwähnt werden, die nicht zur eigentlichen Grillausrüstung gehören, aber dennoch sehr praktisch und hilfreich sind. Da in geschlossenen Grillsystemen wie dem EGG sehr hohe Temperaturen erreicht werden können, liegt es auch nahe, sie als Pizzaöfen zu nutzen. Zunächst behalfen sich Grill- und Pizzafreunde mit Backsteinen, die für Elektroöfen verkauft wurden. Dann nahmen einige Hersteller speziell für den Grill entwickelte Backsteine in ihr Sortiment auf. Das BGE mit seiner Keramikkuppel ist eine nahezu perfekte Nachahmung eines Pizza- bzw. Brotofens, und die markeneigenen Keramikbacksteine erreichen so hohe Temperaturen, dass sich in Sekundenschnelle hauchdünne, knusprige Pizzaböden backen lassen – die ganz große Pizzakunst.

Genauso spannend sind die Möglichkeiten, die ein Wok über Holzkohle bietet. Ein Wok ist für eine ganz besondere Art des Kochens konzipiert. Der Boden muss sehr heiß sein und die Zutaten müssen ständig gerührt und geschwenkt werden. Die Idee ist, dass jedes Stück ständig für kurze Zeit in die heiße Zone geführt wird und dann weiterbewegt wird. Die halbkugelförmige Form sorgt dafür, dass die Zutaten immer wieder nach unten rutschen und durch Rühren wieder nach oben geschaufelt werden. Das ist überaus raffiniert und intuitiv. Aber es ist quasi unmöglich, einen Wok auf einem normalen Haushaltsherd heiß genug werden zu lassen, um ihn korrekt einzusetzen.

Wenn man einen Wok über oder sogar direkt in ein glühend heißes Kohlebett setzt, entsteht die gleiche Hitze wie bei einem Wok-Brenner, sodass nun auch im eigenen Garten authentische Wokgerichte mit ihren verlockenden Aromen zubereitet werden können.

MOP-SAUCEN UND MARINADEN

Es gibt viele Möglichkeiten, um Speisen vor und während des Garens mit Feuchtigkeit und Aroma zu versorgen. Dazu gehören vor allem Marinaden, die auf verschiedene Weise eingesetzt werden können. Säurehaltige Marinaden, zum Beispiel mit Essig, Wein, Buttermilch oder Joghurt, zersetzen das Bindegewebe des Fleisches und machen es zarter und aromatischer. Bei zartem Fleisch oder Fisch sollte man allerdings vorsichtig damit umgehen. Wenn man Tandoori-Hühnchen etwa eine halbe Stunde in Joghurt mariniert, verändert sich die Struktur des Fleisches nicht. Wird es allerdings über Nacht mariniert, erhält das Fleisch eine watteartige breiige Textur. Vielleicht sind die Hühner von heute nicht mehr so sehnig und muskulös wie die fleißig umherpickenden Vögel auf den Höfen unserer Vorfahren.

Insbesondere bei Grillwettbewerben werden aromatische Marinaden und Feuchtigkeit direkt in die Fleischfasern gespritzt. Auch für diesen Zweck gibt es spezielle, gefährlich aussehende spritzenartige Injektoren. Insbesondere bei korrekter Temperaturführung ist das sogenannte Mopping am besten für eine schöne Aromaentwicklung geeignet. Dabei wird das Gargut immer wieder mithilfe eines Pinsels oder eines Mop mit einer dickflüssigen, oft leicht klebrigen Sauce bestrichen, die die Oberfläche feucht hält und in der Hitze langsam trocknet. Traditionell sind Mop aus Baumwollfasern; es gibt aber auch moderne Mop aus Silikon. Eine einfache, günstige Alternative bietet ein Küchenpinsel.

Ein argentinischer Parrillero greift bei seiner Grillarbeit zur »salmuera«. Dies ist eine konzentrierte Salzlösung, die manchmal auch mit Knoblauch, Chili und Kräutern eingekocht und vor der Verwendung abgeseiht wird. Anschließend sprüht oder spritzt man sie auf das heiße Fleisch, wobei sie sofort verdampft, sodass das Salz an der Oberfläche kristallisiert

MISE EN PLACE

Wichtig ist schließlich auch das sogenannte Mise en Place. Darunter versteht man das Zusammenstellen und Vorbereiten sämtlicher für das Rezept benötigter Zutaten, Kochgeräte und -utensilien, die für ein perfektes Gelingen erforderlich sind. Beim Mise en Place hat jeder seine eigene Herangehensweise, wenngleich es auch einige konstante Elemente gibt: Es ist beispielsweise ratsam, alle Geräte, die man beim Kochen braucht, in einem Behältnis zusammenzutragen bzw. bereitzustellen. Das kann ein einfaches Tablett oder ein Werkzeugkasten sein. Auch ein paar Sprühflaschen sind empfehlenswert, eine für Salmuera, falls verwendet, und eine mit Leitungswasser, um mögliche Stichflammen zu bekämpfen. Auch Öle und Essige sollten idealerweise in Zerstäuber abgefüllt werden, damit man nicht an den Deckeln herumschrauben muss, wenn man die Hände voll hat. Eine Pfeffermühle ist unverzichtbar, und weil es besonders praktisch ist, sie mit einer Hand bedienen zu können, ist die Arbeit am Grill wahrscheinlich die einzige Gelegenheit, bei der eine batteriebetriebene Mühle kein alberner Schnickschnack ist. Natürlich brauchen Sie auch Salz, und wenn Sie eine bestimmte Grillsauce bevorzugen, sollten Sie auch davon eine große Flasche bereitstellen.

Halten Sie außerdem einige Metallschalen bereit – am besten Gastrobehälter aus Edelstahl –, die dazu verwendet werden können, um vorbereitete Zutaten aufzubewahren, aber auch, um gegarte Speisen ruhen zu lassen.

Stellen Sie auch ein Tablett für Küchenhelfer wie Küchenthermometer, Mop, Pinsel, Handschuhe, Tücher, Messer usw. bereit; eine Rolle Backpapier oder Alufolie schadet auch nicht.

SERVIEREN

Planen Sie gut voraus, wie das Essen auf den Tisch kommen und serviert werden soll. Es gibt nichts Schlimmeres als die Verwirrung und das Chaos, wenn die Gäste nicht wissen, wie sie die Speisen auf den Teller nehmen und essen sollen und dabei alles kalt wird. Servierlöffel, Gabeln und ein Tranchiermesser sollten bereits auf dem Tisch liegen. Neben der Kochstation sollten Sie Platten, Schüsseln, Bretter und abgedeckte Schalen in der richtigen Größe bereithalten, um Ihre Leckereien an den Tisch zu bringen. Sie wissen, welche Größe und Form das Essen haben wird, wenn Sie es in der Küche vorbereiten, und können daher auch das geeignete Besteck auswählen und bereitlegen.

ZUTATEN

Die Zutaten sind die wichtigste Komponente des Aromadreiecks. Heutzutage gibt es immer mehr Erzeuger, die Grillerfahrung haben und deshalb auch gute Empfehlungen geben können. Abgesehen von den Hinweisen und Tipps, die Sie hier erhalten, ist das Wichtigste, dass Sie Ihre Lieferanten gut kennen, die in der Regel selbst Hobbyköch*innen sind und Ihnen viele interessante Fleischstücke mit den entsprechenden Zubereitungsmethoden vorschlagen können, die nicht gleich ein Vermögen kosten. Das BGE eignet sich zum kontrollierten Low-and-Slow-Garen ebenso gut wie zum Kurzbraten bei extrem hoher Hitze, was die Bandbreite der infrage kommenden Fleischstücke noch größer macht. Wenn Sie einen guten Draht zu Ihrem Fleischer oder Fischhändler haben und sich Zeit für ein kleines Fachgespräch nehmen, werden Ihre Grillkünste bald auf Topniveau sein.

Es gibt eine spezielle Technik, die für alle Fleisch- und Fischsorten genutzt werden kann und die ich vorab beschreiben möchte: das frühe Einsalzen, auch als »Trockenpökeln« bezeichnet.

Bestimmt kennen Sie noch die Regel, ein Steak erst auf dem Grill zu salzen und zu würzen, weil sonst wertvoller Fleischsaft austritt. Lässt man ein gesalzenes Stück Fleisch auf dem Teller liegen, bildet sich zwar eine kleine rosafarbene Pfütze. Aber dabei handelt es sich überwiegend um Wasser und nicht um Fleischsaft. Salz entzieht dem Fleisch zwar Feuchtigkeit, weshalb Schinken und Speck ja auch gepökelt werden, sorgt aber gleichzeitig dafür, dass die Aromen konzentriert werden.

Steaks, Koteletts, Hähnchen und sogar Fisch werden also in vielen Rezepten im Voraus gesalzen, manchmal sogar am Vortag. Wenn Sie das eingesalzene Stück Fleisch oder Fisch problemlos auch ohne Abdeckung in den Kühlschrank stellen können, umso besser. Denn durch die trockene, zirkulierende kalte Kühlschrankluft wird die Oberfläche des Garguts leicht getrocknet, sodass sie auf dem Grill schön knusprig wird.

RINDFLEISCH

Aus diversen historischen und sozioökonomischen Gründen gilt Rindfleisch bei uns als das beste Fleisch, während in vielen anderen Kulturen Schwein, Lamm oder Geflügel bevorzugt werden, insbesondere dort, wo Rinder nützliche Zugtiere sind. Aber für uns ist der große, pompöse Rinderbraten oder ein besonders feines, saftiges Steak ein Zeichen für Luxus und Genuss.

Wenn Sie Ihr Rindfleisch in der Metzgerei Ihres Vertrauens kaufen, erhalten Sie in der Regel hochwertiges Fleisch, aus artgerechter Haltung und nicht aus Intensivmast. Daneben gibt es weitere Faktoren und Aspekte, die beim Kauf von gutem Rindfleisch eine Rolle spielen.

Gute Metzgereien bieten heutzutage oft eine verwirrend große Auswahl an Rindfleischsorten aus der ganzen Welt an. Daher hier einige Tipps.

Die besten Fleischaromen stecken zum großen Teil im Fett. Daher sind die Art und die Verteilung des Fetts im Fleisch ein Indikator für die Qualität. Gutes Rindfleisch hat eine schöne Marmorierung, sprich, es ist von feinen Fettadern durchzogen, die beim Garen schmelzen und das Fleisch saftig und aromatisch machen. Japanisches Wagyu-Rindfleisch beispielsweise ist so stark marmoriert, dass es schwer ist, die Fleischfasern dazwischen zu erkennen.

Es gibt grundsätzlich zwei Arten der Rindermast: Gras- oder Maisfütterung. Die natürliche Nahrung des Rindes ist Gras. Da Rinder aber Wiederkäuer sind, würde es sehr lange dauern, bis ein Rind bei reiner Grasfütterung sein Schlachtgewicht erreicht und von der Weide genommen würde. Also wird mit Getreide oder Soja zugefüttert. Rindfleisch aus reiner Weidehaltung stammt deshalb wahrscheinlich von älteren Tieren; das Fett ist gelblich und die Fleischaromen sind vielschichtig – manche halten das Fleisch für aromatischer, andere finden, es schmecke säuerlich. Die Fleischtextur ist tendenziell fester, genau wie man es von einem älteren Tier erwartet, das auf einer Weide gelebt hat.

Die Rindermast mit Mais ist in den USA ein hochindustrialisiertes Verfahren, das nicht bei allen Grillfreunden beliebt ist. Einige kleine, traditionell arbeitende Landwirte betreiben die Maismast jedoch auch auf viel artgerechtere Weise. Da das Tier schneller sein Schlachtgewicht erreicht, ist das Fleisch in der Regel zarter, mit helleren Fettadern durchzogen und hat ein Aroma, das die meisten als »butterartig« bezeichnen.

Um dem Fleisch mehr Tiefe und Komplexität zu verleihen, lässt man es abhängen, manchmal nur ein paar Tage, aber es ist nicht ungewöhnlich, dass Fleisch bis zu 90 Tage abgehangen wird.

Das Abhängen hat allerdings auch seinen Preis. Wenn eine 70 kg schwere Rinderhälfte ein paar Tage im Kühlhaus hängt, beginnt das Fleisch auszutrocknen und verliert an Gewicht. Ein hochwertiges Stück, das wochenlang gereift ist, kann am Ende 25 % seines ursprünglichen Gewichts verloren haben, und das bedeutet, dass der Preis steigt.

Durch den Feuchtigkeitsverlust konzentrieren sich die Fleischaromen. Zugleich setzt auch eine langsame Laktofermentation in den Fleischfasern ein, durch die das Fleisch nicht nur zarter wird, sondern auch komplexe Aromen herausbildet, die zwischen Umami und einer Art käsigem Schmelz liegen. Lange abgehangenes Fleisch kann etwas schwieriger in der Zubereitung

UK 340263
301654

sein, aber bereits eine gewisse Reifezeit ist fast immer von Vorteil. Einige Fleischliebhaber bevorzugen das viel kürzer abgehangene Fleisch aus Maismast, da es bereits zart ist und subtile Aromen aufweist.

Besprechen Sie in Ihrer Metzgerei immer, wie Sie Ihr Fleischstück zubereiten wollen. Im Allgemeinen sind Teilstücke aus Rücken und Keule einfacher im Handling. Es handelt sich in der Regel um große Stücke, die aus nur einem oder zwei Muskeln bestehen. Rückenstrang, Hüfte sowie Ober- und Unterschale bestehen aus großen Muskeln, die täglich mehrere Hundert Kilo Tier bewegt haben. Sie sind in der Regel die traditionellen Hauptbestandteile festlicher Mahlzeiten.

Aber auch die anderen Teile des Schlachtkörpers verdienen Beachtung. Durchwachsene Stücke wie Brust, Schulter, Dünnung und Fehlrippe bestehen aus kleinen Muskelgruppen, Knochen, Fett und Bindegewebe. Echte Grillexperten wissen auch diese Stücke zu schätzen, denn sie sind relativ günstig, und wenn sie lange bei sehr niedrigen Temperaturen im EGG gegart werden, belohnen sie Sie mit einer großartigen Textur und viel interessanteren Aromen als die teureren mageren Stücke.

SCHWEIN

Für die Auswahl von Schweinefleisch gelten ähnliche Regeln wie für Rindfleisch. In der Vergangenheit galten die Teilstücke aus dem Rücken und der Hinterkeule als die besten. Traditionell verarbeiteten Bauern und Fleischer die Hinterkeulen des Schweins zu hochwertigem Schinken, der sich gut verkaufen ließ, während man Hesse, Schulter und Bauch für den Eigenbedarf pökelte.

Schweine legen überall am Körper Fett an, doch dicke Speckschichten finden sich nur direkt unter der Schwarte. Das ist ideal für die Zubereitung auf dem Grill, da die zähe Schwarte das Fleisch vor dem Verbrennen schützt und schön knusprig wird, während das Fett das Fleisch saftig hält und aromatisiert.

Während Rindersteaks und -koteletts relativ leicht zu grillen sind, werden magere Schweinefleischschnitte relativ schnell trocken, und trockenes Schweinefleisch ist wahrlich kein Vergnügen. Am einfachsten lässt sich das Austrocknen vermeiden, indem man das Fett nicht wegschneidet (wenn es sein muss, erst kurz vor dem Servieren) und sich von dem Gedanken verabschiedet, Schweinefleisch müsse immer vollständig durchgegart werden. Schweinefleisch aus artgerechter Haltung ist nicht so stark belastet wie Fleisch aus industrieller Mast, sodass es aus Sicherheitsgründen nicht über Gebühr gegart werden muss.

Die britische Food Standards Agency empfiehlt, Schweinefleisch bis zu einer Kerntemperatur von 75 °C zu garen, wobei allerdings nicht nach der Qualität und Teilstück des Schweinefleischs differenziert wird. Der derzeitige amerikanische Standard liegt bei 63 °C plus eine Ruhezeit von einigen Minuten vor dem Servieren. Auch beim Schwein gilt, dass die vorderen und unteren Teilstücke bestens zum langsamen Garen geeignet sind. Schweinebauch ist ein aus Muskelfasern, Fett, Bindegewebe und weichen, gallertartigen Knorpeln geschichtetes Teilstück, das sehr zart gegart werden kann. Es dauert eben recht lang, bis alle Bestandteile die perfekte Konsistenz erreicht haben, aber das Warten lohnt sich.

Das beliebteste Teilstück vom Schwein für die Zubereitung im Freien ist vermutlich die Schulter. Der Knochen, der sich durch die Mitte des Schulterstücks zieht und etwa die Größe und Form einer Schaufel hat (daher auch die gleichnamige Bezeichnung), leitet die sanfte Hitze bis ins Zentrum des Fleischstücks, wodurch das durchwachsene Fleisch langsam zart wird. Eine gut gegarte Schulter kommt mit einer knusprigen Kruste auf den Tisch, die das saftige Innere kaum noch halten kann. Das Fleischstück muss nicht tranchiert, sondern kann einfach mit der Gabel abgezupft werden.

Eine besondere Delikatesse ist das Fleisch des Iberico-Schweins. Seit Jahrhunderten lassen die Landwirte in der spanischen Extremadura ihre Schwarzfußschweine durch die Eichenwälder ziehen, wo sie sich hauptsächlich von Eicheln ernähren. Aus den Hinterkeulen der Tiere werden die geschätzten luftgetrockneten Schinken der Region hergestellt. Erst seit Kurzem werden auch Teilstücke exportiert, die nicht für den »Jamón« verwendet werden. Die Teilstücke unterscheiden sich von denen, die wir vielleicht gewohnt sind, mit Namen wie »secreto« und »presa«, und das Fleisch ist so dunkel und intensiv im Aroma, dass gegrilltes Iberico-Schweinefleisch häufig für hochwertiges Rindfleisch gehalten wird.

LAMM

Gerichte mit Lammfleisch haben vor allem im Mittelmeerraum, in Nordafrika, im Nahen Osten und anderen waldarmen, trockenen Regionen eine große kulinarische Tradition, aber auch in Gegenden, in denen es früher eine bedeutende Wollindustrie gab. Es ist allerdings auch die Fleischsorte, an der sich die Geister bzw. Geschmäcker am meisten scheiden. Schafe leben die meiste Zeit ihres Lebens in freier Natur und ernähren sich größtenteils von Weideland, das keine massiven chemischen Eingriffe erfordert. Nicht jedes Lammfleisch stammt aus Freilandhaltung, aber immerhin ein großer Teil. Es ist ein relativ fettes Fleisch mit einem ausgeprägten süßlichen Eigengeschmack, den nicht alle mögen.

Da ein Schaf kleiner ist als ein Rind oder ein Schwein, ist auch der Rückenstrang nicht sehr groß. Lammkoteletts oder -racks bzw. das Filet sind die bekanntesten Stücke aus dem Lammrücken und können sogar blutig serviert werden. Die Keule ist ein schöner Festtagsbraten, der sich am Tisch eindrucksvoll tranchieren lässt. Um den Geschmack zu verbessern und die Garzeit zu verkürzen, kann die Keule in ein großes, einigermaßen gleichmäßiges, flaches Stück aufgeschnitten werden. Wie die Schweineschulter wird auch Lammschulter am besten low and slow gegart, sodass das Fleisch nur noch abgezupft werden muss.

In der muslimischen Welt gehören Lamm und Ziege zu den wichtigsten Fleischsorten. In den muslimischen Küchen wird Lamm selten so behandelt wie bei uns (als Bratenstück). Vielmehr wird das Fleisch häufig in kleine Stücke geschnitten, weil kleinere Lammstücke in Eintöpfen, Ragus, Tajines oder auf Spießen besser gewürzt werden können, um so dem Fettgehalt etwas entgegensetzen zu können.

In Europa kommt hauptsächlich das Fleisch recht junger Lämmer in den Handel, was schade ist, da Schaffleisch mit zunehmendem Alter der Tiere an Charakter gewinnt. Ein Lamm ist bei der Schlachtung weniger als ein Jahr alt. Ein Tier, das im Alter von einem bis zwei Jahren geschlachtet wird, nennt man Jungschaf, und wenn Ihre Metzgerei es im Angebot hat, sollten Sie zugreifen. Hammelfleisch findet man heutzutage vermutlich am ehesten in türkischen Metzgereien, da sich die Kosten für die Aufzucht eines Tieres über zwei oder mehr Jahre nicht im Preis niederschlagen, aber es ist absolut köstlich und lässt sich wunderbar grillen.

HÄHNCHEN

Hähnchen war schon immer ein beliebtes Grillfleisch, wenngleich die Zubereitung nicht ganz ohne ist. Hähnchenbrüste haben die perfekte Serviergröße und sind unkompliziert zu essen, aber sie können sehr schnell austrocknen, wenn sie auch nur ein wenig zu lange gegart werden. Hähnchenunterkeulen, auch als Drumsticks bekannt, sind hingegen feste kleine Schlegel aus Muskeln und Sehnen, die nur langsam gegart werden sollten, damit das Fleisch schön zart wird.

Bei Hähnchenflügeln hat man etwas Mühe beim Essen, doch sie können sehr schmackhaft sein. Insbesondere Kinder haben ihr Vergnügen daran. Der vermutlich beste Allrounder für den Grill sind aber die Oberkeulen, die, wenn der Knochen entfernt ist, zu einer flachen Scheibe aufklappt werden können. Ihr sehr saftiges dunkles Fleisch bietet eine gute Mischung aus verschiedenen Texturen, und auch die Haut lässt sich wunderbar knusprig garen. Stecken Sie ein paar dünne Metallspieße als Hitzeleiter durch die Keule, damit sie garantiert vollständig durchgart.

Ein großer Vorteil des BGE ist, dass man darin auch ganze Hähnchen gut braten bzw. anräuchern kann. Das übliche Problem beim Braten von Geflügel besteht darin, dass das helle Brustfleisch wesentlich schneller durchgart und trocken wird, als es die Keulen tun. Der gewölbte Deckel des EGG schafft ein perfektes Gehäuse für ganzes Geflügel. Denn dank seiner enormen thermischen Masse, die für gleichmäßige, konstante Hitze von allen Seiten sorgt, und mit eingesetztem ConvEGGtor lässt sich ein ganzer Vogel sanft und langsam garen, ohne trocken zu werden.

FISCH

Es gibt nichts Herrlicheres als den Duft von Fisch auf einem heißen Grill. Fisch ist in der Regel so delikat, dass er meist nur eine sehr kurze Garzeit benötigt, aber er profitiert besonders von der direkten Grillhitze. Fisch zu grillen ist etwas ganz anderes, als relativ robustes Fleisch auf dem Rost zu haben. Von außen wird Fisch durch seine Haut vor der größten Hitze geschützt, während er innen im eigenen, reichlich vorhandenen Saft gedämpft wird.

Idealerweise verwenden Sie gute, dicke Fischstücke mit Haut (aber entschuppt) und Gräten, da Filets viel zu schnell zusammenfallen. Rundfische wie Dorade oder Lachs eignen sich gut, wenn man sie quer in dicke Scheiben schneidet. Wenn die Anzahl der Gäste es rechtfertigt, ist es immer besser, ganze Fische zu verwenden. Sie sehen nicht nur toll aus, wenn sie auf den Tisch kommen, die intakte Haut schützt und stützt den ausgenommenen Fisch rundherum, der mit aromatischen Zutaten gefüllt werden kann.

Auch Flachfische wie Heilbutt oder Steinbutt lassen sich sehr gut grillen, erfordern aber besondere Vorbereitung und Aufmerksamkeit, damit sie über der Hitze nicht auseinanderbrechen (s. S. 78).

Wenn Sie kleine oder zarte Fischstücke garen wollen, können Sie sie mit weiteren Aromazutaten in Alufolie einschlagen – was einigermaßen schade ist, da die Fischstücke dann keine direkte Hitze mehr abbekommen.

Auch Fettfisch ist nicht zu verachten. Makrelen, Sardinen oder Sardellen haben eine feste Haut und ein fettes Fleisch. Wenn Sie die richtige Grilltemperatur wählen, braten sie sich quasi im eigenen Fett. Leider ist Fettfisch nach dem Fang nicht besonders lange haltbar. Aber auch hier gilt: Wenn Sie Ihrem Fischhändler vertrauen und die richtigen Fragen stellen, können Sie vielleicht Makrelen oder Sardinen bekommen, die direkt nach dem Fang tiefgefroren wurden.

Schließlich sollten Sie auch Garnelen, Miesmuscheln, Austern, Jakobsmuscheln und Hummer nicht außer Acht lassen. Schalen- und Krustentiere kommen quasi in ihren eigenen Servierbehältern daher und können direkt auf den Grillrost gelegt werden. Durch den Salzwassergehalt werden sie perfekt gedämpft.

DAS ERSTE REZEPT:
Chickenwings

FÜR 2–4 PERSONEN
(4–8 Stück pro Person)

EGG-SETUP
Indirektes Setup; ConvEGGtor mit Beinen nach oben und Edelstahlrost.

ZIELTEMPERATUR
190–220 °C

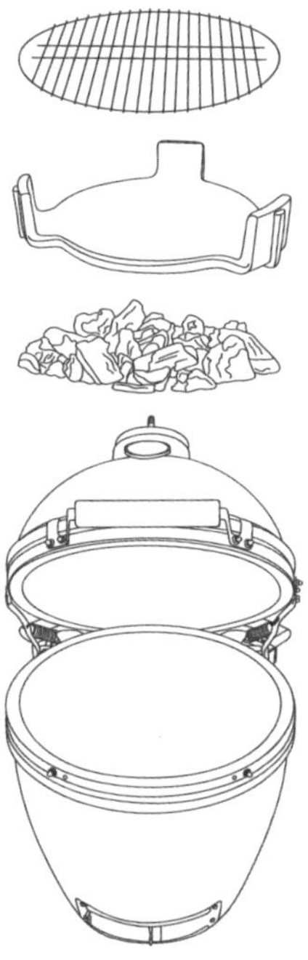

Gegrillte Hähnchenflügel waren Ed Fishers erstes Gericht aus dem Big Green Egg, bevor der Grill überhaupt ein richtiges Big Green Egg war. Deshalb habe ich mich zum Einstieg in den Rezeptteil für diese einfache Zubereitung entschieden. Chickenwings sind überaus vielseitig und können es mit quasi jedem Aroma aufnehmen. Probieren Sie sie einfach mit Ihrem Lieblings-Rub oder experimentieren Sie ein wenig. Ich mag Hähnchenflügel gern auf chinesische Art mit Ingwer, Knoblauch, Sojasauce, Chili und Honig. Dieses Rezept funktioniert übrigens auch genauso gut mit Hähnchenunterkeulen. In diesem Fall sollten Sie die Drumsticks an der dicksten Stelle leicht plattieren oder einfach ein paar Minuten länger auf dem Grill lassen.

1,5 kg Hähnchenflügel (12–15 Stück)

3 EL Oliven- oder Pflanzenöl

1 TL Salz

½ TL frisch gemahlener schwarzer Pfeffer

1 EL gemahlener Kreuzkümmel

1 EL gemahlener Koriander

1–2 TL Chilipulver

Für die Glasur

3 Knoblauchzehen, sehr fein gehackt

1½ EL Honig oder 2 EL brauner Zucker

Saft von 1 Zitrone oder 2 Limetten

Die Hähnchenflügel gründlich trocken tupfen und mit Öl, Salz, Pfeffer und Gewürzen einreiben. Die Zutaten für die Glasur in einer Schale verrühren.

Die Hähnchenflügel nebeneinander auf den Rost legen und bei geschlossenem Deckel 15 Minuten garen. Mit der Glasur bestreichen, wenden und weitere 10–15 Minuten garen. Dabei weitere zwei Male mit der Glasur bestreichen.

Die Hähnchenflügel bis zu einer Kerntemperatur von 74 °C garen. Die Haut sollte sich leicht vom Fleisch und das Fleisch sollte sich einfach vom Knochen lösen lassen.

Big Green Egg
Big Green Egg

VON HÄHNCHEN BIS RINDERBRUST

Mit 12 tollen Rezepten vom EGG-Anfänger zum BBQ-Superstar werden.

Es ist davon auszugehen, dass jeder und jede ein Grill-Superstar sein möchte. Das ist nur allzu verständlich. Aber der routinierte Umgang mit dem EGG erfordert etwas Zeit, Übung und Geduld. Deshalb habe ich hier 12 Rezepte zusammengestellt, quasi ein 12-Punkte-Programm, mit dem Sie Ihre Kenntnisse und Fertigkeiten am EGG Schritt für Schritt erweitern und verbessern können. Aaron Franklin vom weltberühmten texanischen Restaurant »Franklins BBQ« sagte einmal: »Ein gutes BBQ zu machen lernt man nur, indem man schlechtes BBQ macht.« Wenn Sie mit dem Brathähnchen beginnen und die weiteren Rezepte der Reihe nach ausprobieren, lernen Sie alles, was Sie brauchen um ein echter Superstar am Grill zu werden – ganz ohne den Umweg über schlechtes BBQ!

REZEPT NR. 1

ANFÄNGER

FÜR 4–6 PERSONEN

EGG-SETUP
Indirektes Setup; ConvEGGtor mit Beinen nach oben und Edelstahlrost.

ZIELTEMPERATUR
170–200 °C

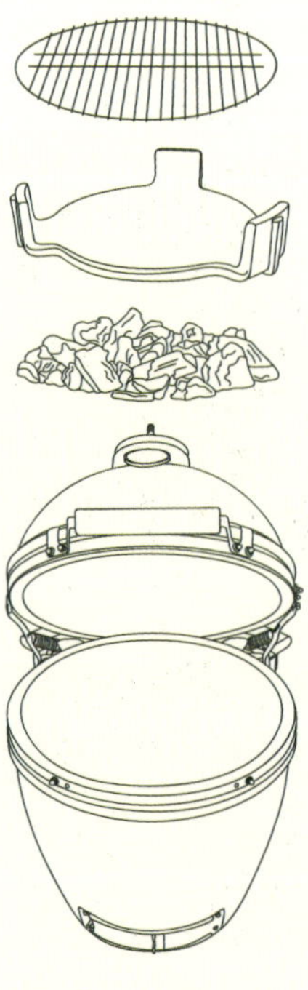

BRATHÄHNCHEN

Jeder hat vermutlich schon einmal ein Hähnchen im Ofen gebraten. Im EGG wird es so saftig und lecker, dass Sie es nie wieder im Backofen zubereiten wollen. Das Setup für das EGG ist hier denkbar einfach und funktioniert wie ein Umluftofen bei einer Betriebstemperatur, die sich für sehr viele Gerichte eignet.

Wenn ich ein Hähnchen im Egg brate, stelle ich eine Pfanne mit ein bis zwei Zentimetern hoch eingefülltem Wasser darunter, in die beim Garen der Bratensaft tropfen kann. Die Mischung aus Bratensaft und Wasser verwende ich dann als Saucengrundlage. Außerdem sorgt das Wasser bzw. der Wasserdampf dafür, dass das Geflügel in einer feuchten Umgebung brutzelt und nicht trocken wird. Dieser Trick lässt sich bei den meisten Bratenrezepten anwenden, ist aber keineswegs ein Muss.

1 Brathähnchen (1,5–2 kg), vor dem Anzünden des EGG aus dem Kühlschrank genommen

2 Knoblauchzehen mit Schale, leicht angedrückt

½ Zitrone, halbiert

1 großer Zweig Rosmarin, Thymian oder Salbei

1 EL Olivenöl

Salz und frisch gemahlener schwarzer Pfeffer

Das Hähnchen trocken tupfen und von innen großzügig salzen und pfeffern. Die Knoblauchzehen, 1 Zitronenviertel und den Kräuterzweig in den Bauchraum stecken. Das Hähnchen außen mit dem zweiten Zitronenstück und dem Olivenöl einreiben, salzen und pfeffern.

Das Hähnchen mit der Brustseite nach oben entweder direkt auf den Rost oder in eine Bratform legen und bei geschlossener Kuppel 1–1½ Stunden braten, bis die Haut knusprig goldbraun und das Fleisch durchgegart ist und eine Kerntemperatur von 74 °C hat.

Das Hähnchen auf eine Servierplatte heben und vor dem Tranchieren und Servieren etwa 20 Minuten ruhen lassen.

STEAK

REZEPT NR. 2

ANFÄNGER

Ein paar Hinweise zum Steakbraten: Das Fleisch muss Zimmertemperatur haben, bevor Sie es zubereiten. Würzen Sie es kräftig, am besten mit Meersalzflocken. Ich habe einmal zugesehen, wie Richard Turner – Betreiber des Steakrestaurants Hawksmoor und Mitbegründer des BBQ-Festivals Meatopia, riesige Tomahawk-Steaks geradezu in Meersalz wälzte, bevor er sie auf den Grill legte. Tun Sie es ihm nach. Außer zum Wenden der Steaks muss das EGG unbedingt geschlossen bleiben. Wenn das Fett des Steaks schmilzt, tropft es auf die Holzkohle, und sollte dann der Deckel geöffnet sein, entzündet sich das Fett und verursacht Stichflammen, die auf das Fleisch treffen und das Fett darin verbrennen; es entwickelt sich beißender Rauch. Bei geschlossenem Deckel bekommen die Flammen keinen Sauerstoff. Wenn Sie das Steak wenden wollen, lüften Sie das EGG wie auf Seite 12 beschrieben und schließen es danach sofort wieder. Achten Sie außerdem darauf, dass auch der Rost vorgeheizt ist, wenn Sie die Steaks auflegen.

FÜR 2 PERSONEN

EGG-SETUP
Direktes Setup mit Edelstahlrost (oder Gusseisenrost, falls vorhanden).

ZIELTEMPERATUR
220–260 °C

2 Rindersteaks (4 cm dick), vor dem Anheizen des EGG aus dem Kühlschrank genommen

Salz (idealerweise Meersalzflocken oder Fleur de Sel)

grob gemahlener schwarzer Pfeffer

Die Steaks direkt vor dem Salzen trocken tupfen, da sich ein leichter Feuchtigkeitsfilm darauf bildet, wenn Sie sie aus dem Kühlschrank nehmen.

Die Steaks großzügig salzen und pfeffern, auf den Rost legen und bei geschlossenem Deckel etwa 1½ Minuten von jeder Seite garen, bis die Steaks schön gebräunt sind. Dann beispielsweise RibEye- oder Hüftsteaks (jeweils gut 300 g) weitere 6–8 Minuten (blutig/rare), 8–10 Minuten (medium) oder 10–12 Minuten (durchgebraten/well done) oder bis zu einer der unten stehenden Kerntemperaturen garen. Dabei die Steaks nach der Hälfte der zusätzlichen Garzeit einmal wenden. Vorher das EGG lüften.

Die Steaks vor dem Servieren 10 Minuten an einem warmen Ort ruhen lassen.

GARSTUFEN NACH KERNTEMPERATUR
Garen Sie die Steaks bis zu folgenden Kerntemperaturen und lassen Sie sie dann ruhen:

Blutig/Rare: 50–55 °C
Rosa/Medium-rare: 55–58 °C
Medium: 58–63 °C
Medium-durchgebraten/well done: 63–68 °C
Durchgebraten/well done: 68 °C

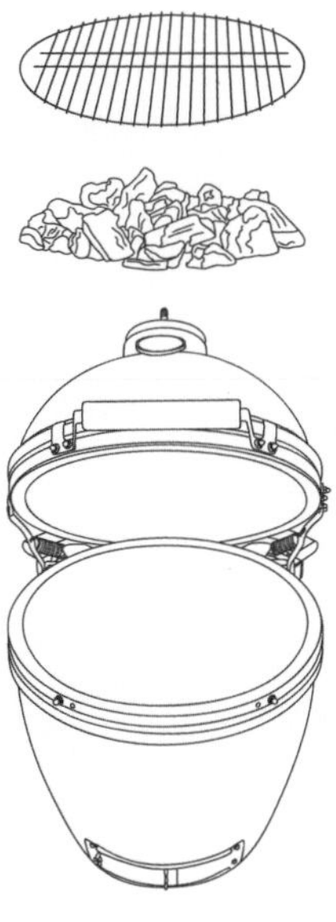

REZEPT
NR. 3

ANFÄNGER

FÜR 4 PERSONEN

EGG-SETUP
Den Teig vor dem Anzünden des EGG zubereiten.

Indirektes Setup; ConvEGGtor mit Beinen nach unten und Backstein.

ZIELTEMPERATUR
275–325 °C

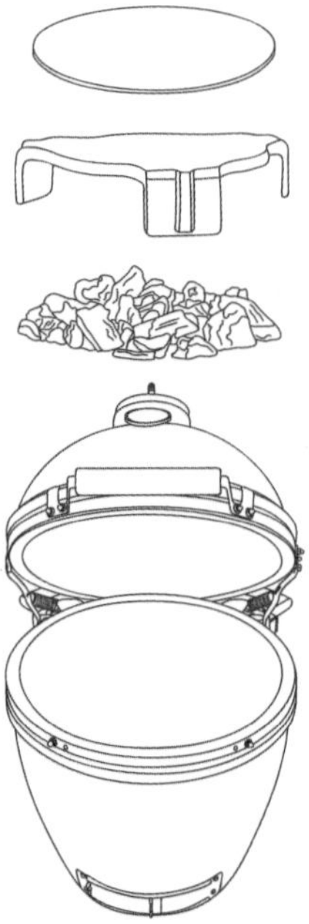

PIZZA

Die Zubereitung einer Pizza im EGG erfordert etwas Übung. Der Boden sollte schön knusprig, aber nicht zu dunkel werden, und der Belag durchgegart. Denken Sie daran, den Backstein lange genug vorzuheizen, damit er richtig heiß wird, sonst wird der Teigboden nicht knusprig. Es ist wichtig, geduldig zu warten, bis die Zieltemperatur erreicht ist. Andernfalls holen Sie keine köstliche Pizza aus dem EGG, sondern kratzen einen halbgaren Teigfladen vom Pizzastein. Wenn Sie die Pizza gemeistert haben, sind Sie gut für die weiteren Brotrezepte in diesem Buch vorbereitet. Zudem haben Sie gelernt, das EGG bei hohen Temperaturen zu bedienen. An dieser Stelle danke ich Luke Vandore-Mackay, der meine EGG-Pizza-Kenntnisse erweitert hat.

500 g italienisches Hartweizenmehl Tipo 00 (oder 400 g Hartweizenmehl Tipo 00 und 100 g Hartweizengrieß), plus mehr für die Arbeitsfläche

1 TL Trockenbackhefe

1 TL Salz

Für den Belag

500 g neue Kartoffeln, in feinen Scheiben

2 Zweige Rosmarin, Nadeln abgezupft und grob gehackt

2 EL natives Olivenöl extra, plus mehr zum Beträufeln

3 Knoblauchzehen, fein gehackt

250 g Mozzarella, in kleine Stücke geschnitten oder gezupft

frisch geriebener Parmesan

Salz und frisch gemahlener schwarzer Pfeffer

Für den Teig Mehl und Grieß, falls verwendet, Hefe und Salz in einer Schüssel mischen. 350 ml Wasser mit einem Löffel einrühren. Den Teig kneten, bis er glatt und elastisch ist. Die Schüssel mit einem feuchten Tuch abdecken und den Teig 1 Stunde gehen lassen, bis sich das Volumen fast verdoppelt hat.

Die Kartoffelscheiben mit der Hälfte des Rosmarins, dem Olivenöl und etwas Salz vermengen. In einer dünnen Schicht auf einem Backblech verteilen und 5 Minuten im vorgeheizten EGG garen, bis die Kartoffeln an den Rändern zu bräunen beginnen und weich werden. Mit Knoblauch und restlichem Rosmarin vermengen. Bei Bedarf salzen und pfeffern.

Den Teig in vier gleich große Portionen teilen und zu Kugeln formen. Auf ein leicht bemehltes Brett legen. Einen Pizzaschieber oder ein dünnes Brett mit Mehl bestäuben.

Eine Teigportion zu einem etwa 30 cm großen Kreis ausziehen. Den Teigboden auf den Pizzaschieber legen und mit je einem Viertel Kartoffelscheiben und Mozzarella belegen. Mit Parmesan bestreuen.

Die Pizza auf dem heißen Backstein 4–8 Minuten bei geschlossener Kuppel backen (die Backzeit hängt von der Temperatur im EGG ab).

Die Pizza auf einen großen Servierteller oder ein großes Schneidebrett heben. Mit etwas Olivenöl beträufeln und leicht salzen und pfeffern. Mit weiterem frisch geriebenem Parmesan bestreuen. Mit den restlichen Zutaten ebenso verfahren. Der Teigboden kann nach Belieben mit anderen Zutaten belegt werden; für eine klassische Margherita die Kartoffeln durch passierte Tomaten ersetzen.

REZEPT NR. 4

ANFÄNGER

FÜR 6–8 PERSONEN

EGG-SETUP
Indirektes Setup; ConvEGGtor mit Beinen nach oben, Edelstahlrost und Dutch Oven.

ZIELTEMPERATUR
130–150 °C

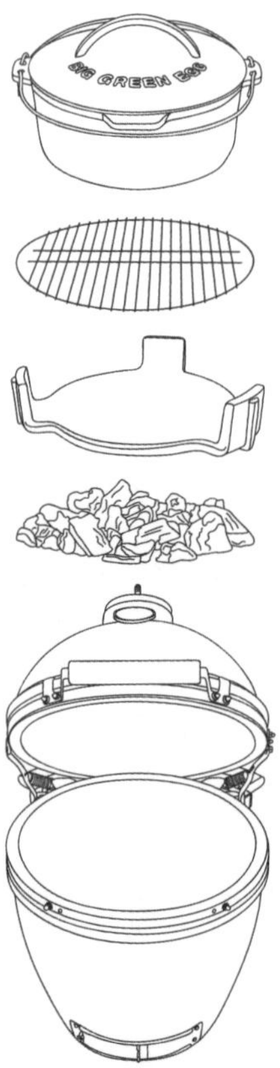

ZIEGENSCHULTER MIT GRANATAPFEL-RAAN

Ziegen liegen mir besonders am Herzen, denn in meinem anderen Leben besitze und betreibe ich ein Ziegenfleisch-Business, das ungewollte männliche Zicklein über Restaurants, Catering-Metzger und einen Online-Shop in die Lebensmittelbranche bringt. Früher wurde männlicher Ziegennachwuchs wegen mangelnder Nachfrage regelmäßig eingeschläfert, was eine schreckliche, ethisch zweifelhafte Verschwendung ist. Dieses Rezept holt das Beste aus Ziegenfleisch heraus und macht Sie mit der Low-and-Slow-Gartechnik vertraut, durch die das Fleisch so zart wird, dass Sie es mit einer Gabel abzupfen können.

Das Rezept ist Geduldsprobe und Test für Ihre Kochkünste, denn es gilt Deckellüften zum Prüfen, wie weit das Gericht ist, zu vermeiden – nicht unbedingt, weil es bei diesem Rezept problematisch wäre, aber später, wenn Sie mit empfindlicheren Zutaten kochen.

1 Zicklein- oder Lammschulter am Knochen (ca. 2,5 kg)

1 große Zwiebel, in feine Streifen geschnitten

Öl zum Bestreichen

40 g Butterschmalz oder Butter

100 ml Granatapfelsaft (oder 2 EL Granatapfelsaft mit Wasser aufgefüllt)

30 g Mandelblättchen, leicht geröstet

Kerne von ½ Granatapfel

1 kleines Bund Koriandergrün, grob gehackt

Salz und frisch gemahlener schwarzer Pfeffer

Für die Marinade

100 g Naturjoghurt (3,5 % Fett)

2 EL (nach Geschmack auch mehr) Tandoori-Gewürzmischung (s. S. 60)

4 Knoblauchzehen, abgezogen und fein gehackt

2 EL fein geriebener Ingwer

Saft von 1 Zitrone

1 TL Salz

Zum Servieren

Eingelegte rote Zwiebeln (s. S. 182)

Paratha (s. S. 173)

Raita (s. S. 87)

Zhug (s. S. 190)

Für die Marinade alle Zutaten sorgfältig in einer Schüssel verrühren. Die Zickleinschulter in den Dutch Oven oder einen schweren Bräter legen und mit drei Vierteln der Marinade bestreichen. Die Schulter anheben und die Zwiebel darunter verteilen. Den Deckel aufsetzen und die Schulter mindestens 2 Stunden oder über Nacht im Kühlschrank ziehen lassen. Vor dem Garen wieder Raumtemperatur annehmen lassen.

Den Grillrost leicht einfetten und die Zickleinschulter auf den Rost legen (Zwiebeln und Marinade im Topf beiseitestellen) und bei geschlossener Kuppel 1½–2 Stunden garen, bis die Marinade eine schöne Kruste bildet.

Fortsetzung übernächste Seite

Die Schulter vom Grill nehmen. Butterschmalz oder Butter zu den Zwiebeln in den Dutch Oven geben und den Topf auf den Rost stellen. Die Zwiebeln 10–15 Minuten goldbraun braten. Den Topf vom Grill nehmen und das Fleisch auf die Zwiebeln legen. Mit der restlichen Marinade bestreichen und den Granatapfelsaft zugießen. Das Fleisch mit der Hälfte der Mandelblättchen bestreuen. Bei Bedarf salzen und pfeffern. Den Dutch Oven mit einer doppelten Lage Alufolie abdecken und das Fleisch darin weitere 1½–2½ Stunden im EGG garen, bis es sehr mürbe ist und sich problemlos vom Knochen löst.

Die Zickleinschulter aus dem EGG nehmen und 30 Minuten ruhen lassen. Vor dem Servieren mit Granatapfelkernen, Koriander und restlichen Mandeln bestreuen. Sie können das Fleisch entweder zerzupfen oder als Ganzes mit Beilagen nach Wahl servieren.

TANDOORI-GEWÜRZMISCHUNG (ERGIBT ETWA 4 EL)

2 TL gemahlener Koriander
2 TL gemahlener Kreuzkümmel
2 TL gemahlene Kurkuma
1–3 TL Kashmiri-Chilipulver (oder anderes Chilipulver), je nach gewünschtem Schärfegrad
1 TL geräuchertes Paprikapulver
½ TL Amchur (Mangopulver)
½ TL frisch gemahlener schwarzer Pfeffer
1 TL Salz
¼ TL getrocknete Minze
¼ TL getrocknete Bockshornkleeblätter
¼ TL Ajwain oder Schwarzkümmelsamen (nach Belieben)

RÄUCHERMAKRELE

REZEPT
NR. 5
FORTGESCHRITTEN

In diesem Rezept lernen Sie das Räuchern bei relativ niedrigen Temperaturen. Auf diese Weise werden die Makrelenaromen nicht durch die Rauchnoten überlagert, sondern dezent unterstrichen. Statt Makrele können Sie auch jeden anderen Fettfisch wie Lachs oder Forelle verwenden. Servieren Sie die geräucherten Makrelen auf den Holzplanken, auf denen sie auch geräuchert wurden. Räucherfisch ist ein tolles Sommergericht (viele weitere finden Sie auf der Website von Big Green Egg). Zusätzliche Raucharomen können Sie dem Fisch durch die Zugabe von Holzchips verleihen. Es wird viel darüber diskutiert, ob man die Räucherchips vorher in Wasser einweichen soll oder nicht. Es macht eigentlich kaum einen Unterschied, aber wenn Sie die Chips einweichen wollen, sollten Sie sie mindestens 30 Minuten wässern. Wenn Sie den Fisch auf Holzplanken räuchern, sollten auch diese 30 Minuten eingeweicht werden.

4 mittelgroße frische Makrelen, filetiert oder aufgeklappt

30 g grobes Meersalz

30 g/2 EL brauner Zucker

1 TL Fenchelsamen, zerdrückt

1 TL zerdrückte schwarze Pfefferkörner, plus mehr zum Servieren

abgeriebene Schale von 1 Bio-Zitrone, plus einige Tropfen Saft zum Beträufeln

1 Lorbeerblatt, in feinen Streifen

2 EL Sherry (nach Belieben)

Öl zum Einfetten

Die Fische mit der Hautseite nach unten auf eine nicht reagierende Fläche legen und die Wirbelsäule vorsichtig herauslösen.

Die Trockenzutaten und -aromaten gleichmäßig darauf verteilen. Mit drei Vierteln des Sherrys, falls verwendet, beträufeln. Abgedeckt 15–30 Minuten ziehen lassen. Abspülen und trocken tupfen.

Den Rost mit Öl einfetten. Die Makrelen darauflegen und bei geschlossener Kuppel 12–15 Minuten garen. Das Fleisch sollte durchsichtig sein und ein Metallspieß sollte sich leicht einstechen lassen. Andernfalls noch einige Minuten im geschlossenen EGG weitergaren.

Die Makrelen vorsichtig auf ein Brett heben und etwas schwarzen Pfeffer darübergeben. Mit dem restlichen Sherry, falls verwendet, und einigen Tropfen Zitronensaft beträufeln.

Sofort oder bei Raumtemperatur mit Kartoffelsalat oder zerdrückt auf Toast servieren.

FÜR 4 PERSONEN

EGG-SETUP

Die Makrelen vor dem Anzünden des EGG einsalzen.

Indirektes Setup; ConvEGGtor mit Beinen nach oben und Edelstahlrost.

ZIELTEMPERATUR

100–120 °C

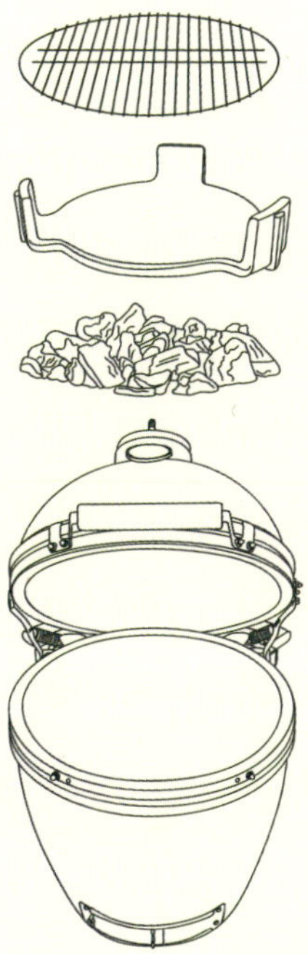

REZEPT
NR. 6
FORTGESCHRITTEN

FÜR 4 PERSONEN

EGG-SETUP
Direktes Setup mit Edelstahlrost.

ZIELTEMPERATUR
170–210 °C

EINGELEGTE HÄHNCHENFILETS

Durch Nasspökeln behält das Fleisch seine Saftigkeit, was insbesondere bei Geflügel von Vorteil ist, das zum Austrocknen neigt, wenn es zu lange gegart wird. Sobald Sie mit dem Pökeln vertraut sind und den Unterschied schmecken, werden Sie immer mehr experimentieren wollen.

Bei diesem Rezept wird die direkte Garmethode angewendet. Die zarten Hähnchenbrüste benötigen eine niedrigere Gartemperatur und viel Zeit, damit das Fleisch nicht verbrennt. Heizen Sie den Grill also korrekt vor. Auf die gleiche Weise können Sie auch Hähnchenkeulen zubereiten, die allerdings bis zu einer Kerntemperatur von 74 °C gegart werden sollten.

4 große Hähnchenbrustfilets

Für die Lake

30 g grobes Salz

2 EL Gewürze (ich nehme eine Mischung aus schwarzem Pfeffer, Fenchelsamen, Chili, Paprikapulver und getrocknetem Oregano)

3 Knoblauchzehen, zerdrückt

fein abgeriebene Schale von 1 Bio-Zitrone

2 EL gehackte Kräuter (ich nehme eine Mischung aus Lorbeer, Thymian und Rosmarin)

Für die Lake Salz, 150 ml kochendes Wasser, Gewürze, Knoblauch, Zitronenschale und Kräuter in einer großen Schüssel mischen, bis das Salz sich aufgelöst hat. 150 ml kaltes Wasser einrühren und die Lake abkühlen lassen.

Die Hähnchenfilets in die Lake geben und 20–30 Minuten im Kühlschrank ruhen lassen. Wieder aus der Lake nehmen, trocken tupfen und Raumtemperatur annehmen lassen.

Die Hähnchenbrustfilets auf den Rost legen und bei geschlossener Kuppel 10–12 Minuten von jeder Seite bis zu einer Kerntemperatur von 71 °C garen. In Streifen schneiden und sofort servieren.

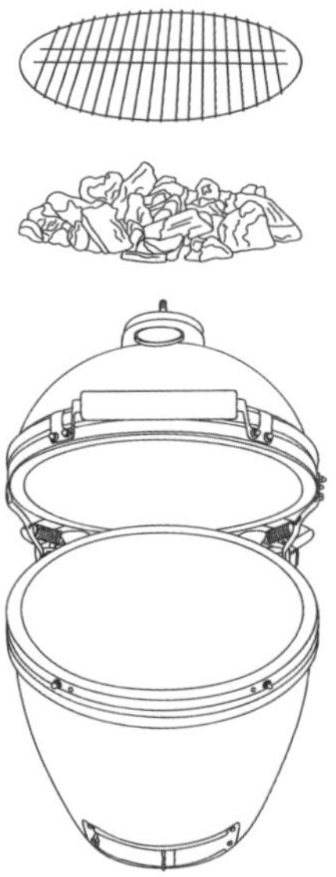

REZEPT NR. 7

FORTGESCHRITTEN

FÜR 6–8 PERSONEN

EGG-SETUP
Indirektes Setup; ConvEGGtor mit Beinen nach oben und Edelstahlrost.

ZIELTEMPERATUR
130–150 °C, dann 180–200 °C

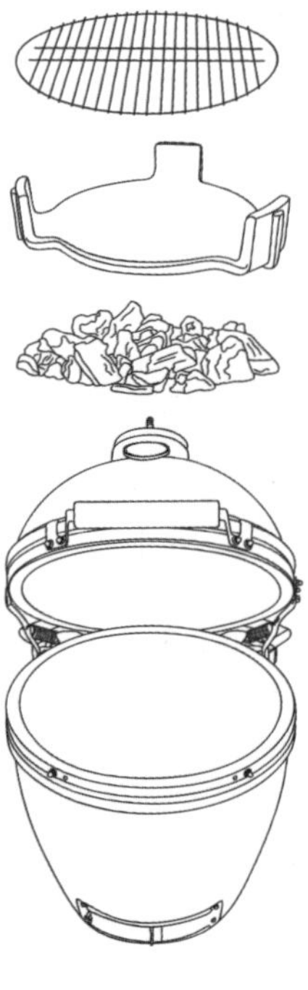

SCHWEINEBAUCH

mit Membrillo-Aioli

Schweinefleisch und Rauch sind eine wunderbare Kombination und gehören zu den klassischen BBQ-Aromen. Bei diesem Rezept ist ein Temperaturwechsel während des Garvorgangs nötig. Das ist in den weiteren Rezepten häufiger der Fall. Meist geht es darum, Fleischstücke schnell anzubraten oder ihnen ein knuspriges Finish zu verleihen. Dieses Rezept funktioniert übrigens auch mit einem Rollbraten aus dem Schweinenacken.

Low-and-Slow-Gerichte haben durch die Holzkohle schon genug Raucharomen – vorausgesetzt Sie verwenden eine hochwertige Holzkohle. Dennoch können Sie Holzchips zugeben. Ich rate Ihnen, diese Rezepte zunächst ohne Holzchips auszuprobieren und erst beim nächsten Mal zu experimentieren. Auf diese Weise können Sie den Schweinebauch ohne und mit Holzchips vergleichen.

1,5 kg Schweinebauch oder -nacken am Stück, vor dem Anzünden des EGG aus dem Kühlschrank genommen, Schwarte mit einem scharfen Messer eingeritzt

Salz und Pfeffer

Für die Membrillo-Aioli

1 große Knoblauchzehe

250 g Membrillo (Quittenmus)

75 ml natives Olivenöl extra

75 ml Sonnenblumenöl

Zitronensaft zum Abschmecken

Salz und frisch gemahlener schwarzer Pfeffer

Das Fleischstück auf der Fleischseite salzen und pfeffern. Mit der Hautseite nach oben auf den Rost legen und bei geschlossener Kuppel 1½–2 Stunden bis zu einer Kerntemperatur von 60–65 °C garen.

Inzwischen den Knoblauch abziehen und mit etwas Salz zerdrücken. Das Quittenmus zufügen und mit einem Stabmixer langsam mixen. Dabei das Öl in mehreren Portionen als dünnen Strahl zugießen, bis eine homogene Masse entstanden ist. Mit Salz, Pfeffer und Zitronensaft abschmecken.

Die Temperatur im EGG auf 180 °C erhöhen. Das Fleischstück wenden und weitergaren, bis die Haut knusprig wird. Alle 2–3 Minuten prüfen, und das Fleischstück von der heißesten Zone weg an den Rand des Grillrosts ziehen, damit die Schwarte knusprig wird und nicht verbrennt.

Das Fleisch 20 Minuten ruhen lassen, dann tranchieren und mit der Membrillo-Aioli servieren.

GESCHMORTE KALBS-HAXE MIT PASTA

REZEPT NR. 8

FORTGESCHRITTEN

Viele klassische Schmorgerichte erhalten im EGG zusätzliche Aromanoten, so auch diese Kalbshaxen. In einem herkömmlichen Elektro- oder Gasofen würde man das Fleisch im selben Topf anbraten, in dem es auch geschmort wird. Der Dutch Oven wäre aber zu heiß, sodass das Fleisch verbrennen würde. Hier wird das Fleisch auf dem Grill angebräunt, wodurch es ein kräftiges Raucharoma erhält, während daneben das Gemüse im Topf angedünstet wird. Wenn Sie erst einmal den Dreh heraushaben, lassen sich alle Eintöpfe und Schmorgerichte aus Ihrem Standardrepertoire auch in einem Dutch Oven im Big Green Egg zubereiten.

Alternativ können Sie auch auf Rinderhaxen ausweichen. Die Beinscheiben vom Kalb können im Ganzen als Osso Buco mit Gremolata (s. S. 189) serviert werden.

FÜR 6 PERSONEN

EGG-SETUP
Indirektes Setup; ConvEGGtor mit Beinen nach oben, Edelstahlrost und Dutch Oven.

ZIELTEMPERATUR
140–160 °C

4 EL Olivenöl

4 Beinscheiben vom Kalb (oder gewürfeltes Haxenfleisch vom Rind), vor dem Anzünden des EGG aus dem Kühlschrank genommen

1 Zwiebel, abgezogen und fein gehackt

2 Karotten, geschält und fein gehackt

2 kleine Lauchstangen, fein gehackt

1 Knoblauchknolle, fein gehackt

200 ml trockener Weißwein

500 ml Hühnerbrühe

1 EL Tomatenmark

2 Zweige Salbei, Blätter fein gehackt

1 kleines Bund glatte Petersilie, Blätter fein gehackt

400 g getrocknete Pappardelle-Pasta

70 g Parmesan, fein gerieben

Salz und frisch gemahlener schwarzer Pfeffer

Den Dutch Oven oder einen anderen gusseisernen Schmortopf 10 Minuten zum Vorheizen in das EGG stellen. Das Öl in den Dutch Oven gießen und 2 Minuten erhitzen.

Das Fleisch salzen und pfeffern, auf den Rost legen und bei geschlossener Kuppel 10 Minuten anbräunen, dabei einmal wenden. Gleichzeitig gehacktes Gemüse und Knoblauch in den Topf geben und 15–20 Minuten dünsten, dabei wenige Male umrühren.

Das Gemüse mit dem Wein ablöschen und Brühe, Tomatenmark und Salbei unterrühren. Alles zum Kochen bringen. Die angebräunten Beinscheiben darauflegen und bei geschlossener Kuppel 3–4 Stunden (ohne Topfdeckel) schmoren, bis das Fleisch sehr zart ist, aber noch nicht vom Knochen fällt. Bei Bedarf einen Spritzer Wasser und weitere Brühe zugießen, damit das Fleisch nicht trocken wird. Die Petersilie unterheben. Das Fleisch mit zwei Gabeln von den Knochen zupfen (oder die Beinscheiben ganz lassen). Mit Salz und Pfeffer abschmecken. Warm halten.

Die Pasta nach Packungsangabe al dente kochen, abgießen und dabei etwas Kochwasser auffangen. Die heiße Pasta mit ein paar Esslöffeln Kochwasser unter das Fleisch mischen. Mit dem Parmesan bestreuen und sofort servieren.

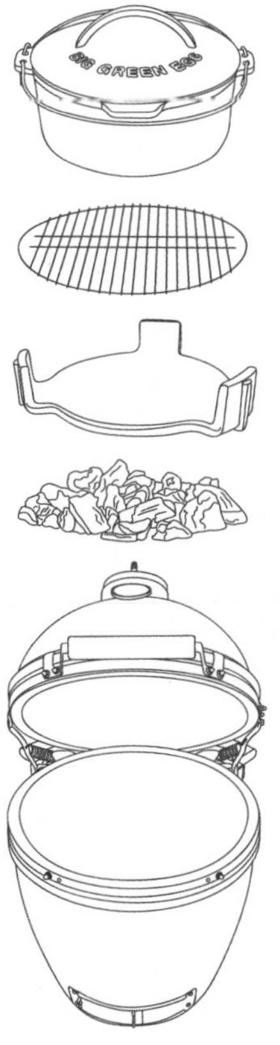

REZEPT
NR. 9

PROFI

FÜR 8–10 PERSONEN

EGG-SETUP
Indirektes Setup; ConvEGGtor mit Beinen nach oben und Edelstahlrost (oder Gusseisenrost, falls vorhanden).

ZIELTEMPERATUR
93–135 °C (ideal sind 120 °C), dann 240–270 °C

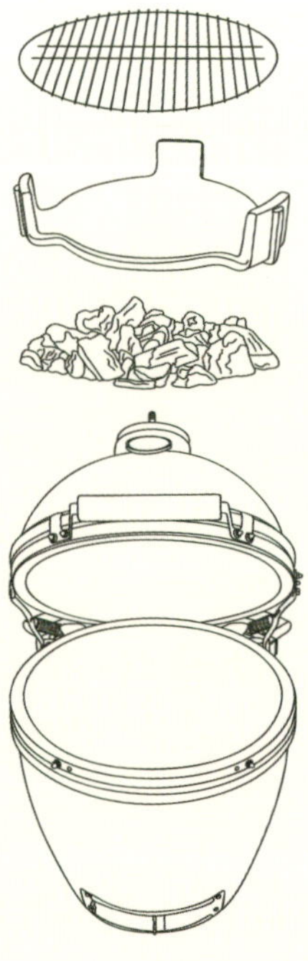

KOTELETTBRATEN

Ein echtes EGG-Traumgericht, das etwas Planung und Geduld sowie ein paar Fertigkeiten erfordert, die Sie noch nicht gelernt haben: Das EGG auf niedriger Temperatur halten, die Betriebstemperatur des EGG einen Gang hochfahren – und Geduld, denn der Braten braucht seine Zeit. Aber das ist ja nichts Schlechtes.

Mir schmeckt ein Kotelettbraten am besten, wenn er rosa oder medium gegart ist. Bei rare die Garzeit entsprechend verkürzen. Hier wird eine Pfanne mit einem oder zwei Zentimetern Wasser unters Fleisch auf dem Rost geschoben, um eine feuchte Garumgebung zu schaffen und eine feine Saucengrundlage zu bilden.

1 Rinderbraten am Knochen aus der Hohen Rippe, vor dem Anzünden des EGG aus dem Kühlschrank genommen

Meersalzflocken

Zum Servieren
Crème fraîche
Meerrettich

Das Fleisch rundum sehr großzügig salzen. Falls möglich, über Nacht im Kühlschrank ruhen lassen (und vor dem Garen wieder auf Raumtemperatur bringen). Andernfalls mindestens 1 Stunde vor dem Garen salzen.

Das Fleisch mit der Fettseite nach oben auf den Rost legen und bei geschlossener Kuppel 4–5 Stunden bis zu einer Kerntemperatur von 50 °C (blutig/rare), 54 °C (rosa/medium-rare) oder 58 °C (medium) garen. In Alufolie einschlagen und an einem nicht zu kühlen Ort mindestens 30 Minuten und bis zu 1 Stunde ruhen lassen.

Den ConvEGGtor vorsichtig aus dem Gerät nehmen und die Hitze auf 240–270 °C erhöhen. Das Fleisch aus der Alufolie wickeln und 3–5 Minuten im EGG rundum anbräunen. Dann 5 Minuten ruhen lassen. Mit Meersalzflocken bestreuen und mit einer Mischung aus Crème fraîche und etwas Meerrettich servieren.

DUFTENDE SICHUAN-RIPPCHEN

REZEPT NR. 10

PROFI

»Short Ribs« sind ein weiterer Grillklassiker, den Sie unbedingt beherrschen sollten. Wenn Sie den Knochen aus einem gegarten Stück sauber herausziehen, ist das ein Moment höchster Zufriedenheit. Das Ziel dieses Rezepts ist nicht, Ihre Geduld auf die Probe zu stellen, auch wenn man das bei einer Garzeit von 5–7 Stunden leicht meinen könnte.

Hier lernen Sie das langsame Garen bei niedriger Temperatur kennen. Nach ein paar Stunden kommt eine Sauce hinzu, die das Fleisch saftig hält und vor dem Austrocknen und einer zu starken Bräunung bewahrt. Später können Sie auch auf die Sauce verzichten. Ich schlage aber vor, dass Sie das Gericht zumindest die ersten paar Male mit Sauce zubereiten. BBQ-Traditionalisten bevorzugen Metzgerpapier. Allerdings beschleunigt das Papier den Garvorgang ein wenig. Falls Sie Metzgerpapier vorrätig haben, verwenden Sie es. Ansonsten behelfen Sie sich mit Alufolie.

FÜR 4 PERSONEN

EGG-SETUP
Indirektes Setup; ConvEGGtor mit Beinen nach oben und Edelstahlrost.

ZIELTEMPERATUR
125–135 °C

2 kg Querrippe (Short Ribs)

1 EL Meersalzflocken

2 TL zerstoßene schwarze Pfefferkörner

1 EL getrocknete Chiliflocken

1 EL gemahlener Sichuanpfeffer

Für die Sauce

80 ml chinesischer Essig (oder Sherry-Essig)

2 EL dunkle Sojasauce

3 EL Zucker

4 Knoblauchzehen, in feinen Scheiben

2 dünne Scheiben Ingwer

2 Sternanise

1 Stück Zimtstange

2 Streifen Bio-Orangenschale

Für die Sauce alle Zutaten mit 50 ml Wasser in einer Schale verrühren und beiseitestellen.

Das Fleischstück gut mit Salz, Pfeffer, Chiliflocken und Sichuanpfeffer einreiben. Falls möglich, über Nacht, aber mindestens etwa 1 Stunde im Kühlschrank ruhen lassen (vor der Zubereitung wieder auf Raumtemperatur kommen lassen).

Die Querrippe mit der Knochenseite nach unten auf den Rost legen und bei geschlossener Kuppel 3 Stunden garen. Die Querrippe vom Grill nehmen und auf eine doppelte Lage Metzgerpapier oder Alufolie legen. Mit der Sauce überziehen und ins Papier einschlagen. Das Fleischpaket auf den Rost setzen und weitere 2–4 Stunden bis zu einer Kerntemperatur von 93–95 °C garen. Dann 1 Stunde an einem warmen Ort ruhen lassen. Den Bratensaft durch ein Sieb passieren und entfetten.

Die Rippchen mit Reisnudeln, gedämpftem grünem Gemüse und der Sauce servieren.

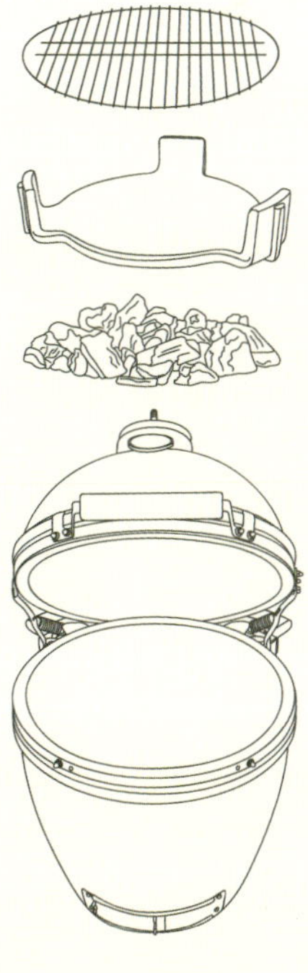

REZEPT
NR. 11

PROFI

FÜR ÜBER 10 PERSONEN

EGG-SETUP
Indirektes Setup; ConvEGGtor mit Beinen nach oben und Edelstahlrost.

Optional einige Holzchips in die Glut geben.

ZIELTEMPERATUR
105–135 °C

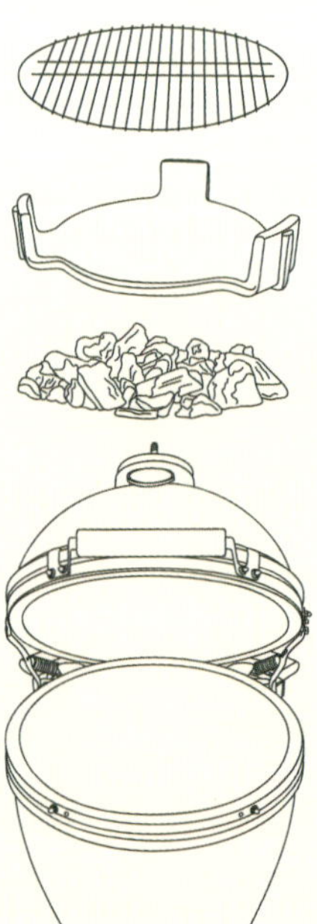

SCHWEINESCHULTER

mit Vindaloo-Gewürzen

Bei Vindaloo, einem feurigen Standardgericht in indischen Restaurants, handelt es sich um die indische Abwandlung eines portugiesischen Gerichts. In diesem Rezept bleiben die indischen Aromen und die Komplexität erhalten, nur die Schärfe wird etwas rausgenommen. Das große Fleischstück wird lange bei niedriger Temperatur gegart und immer wieder eingepinselt. Eine Technik, die auch bei vielen anderen Fleischgerichten verwendet wird. Jedes Mal, wenn Sie das EGG öffnen, fällt die Temperatur kurzzeitig ab. Sie stellt sich von allein wieder auf die Zieltemperatur ein.

2 kg Schweineschulter
50 g Salz
50 g Zucker

Für die Vindaloo-Gewürzmischung
1 EL gemahlener schwarzer Pfeffer
1 EL gemahlener Fenchel
2 EL Kashmiri-Chilipulver
2 EL Garam masala
2 EL Zucker
2 EL Vindaloo-Gewürzmischung (siehe links)

Für den Basting-Mix
150 ml Weißweinessig
1 EL fein gehackter Knoblauch
1 EL fein geriebener Ingwer

Für die Sauce
1 rote Zwiebel, gehackt
2 Knoblauchzehen, abgezogen und grob gehackt
1 EL fein geriebener Ingwer
2–4 frische Chilischoten, fein gehackt
½ TL Salz
2 EL Vindaloo-Gewürzmischung (siehe links)
50 ml/3½ EL Basting-Mix (siehe links)
2 EL Pflanzenöl

Zum Servieren
Salz und frisch gemahlener schwarzer Pfeffer
Eingelegte rote Zwiebeln (s. S. 182)
gehacktes Koriandergrün
Paratha (s. S. 173) oder weiche Tortillas (s. S. 179) oder gegarter Reis
Raita (s. S. 187)
Zhug (s. S. 190)

Für die Gewürzmischung alle Zutaten in einer Schale mischen. Die Schweineschulter mit Salz, Zucker und 2 EL Gewürzmischung einreiben. Bei Raumtemperatur ca. 1 Stunde ziehen lassen, bis das Fleisch ebenfalls Raumtemperatur angenommen hat. Für den Basting-Mix alle Zutaten mit 100 ml Wasser in einer Schale verrühren.

Die Schweineschulter mit der Fettseite nach unten auf den Rost legen und bei geschlossener Kuppel ca. 5 Stunden garen. Dabei jede Stunde mit dem Basting-Mix bestreichen. Die Schweineschulter in Metzgerpapier oder Alufolie einschlagen und weitere 1–3 Stunden bis zu 92 °C Kerntemperatur garen. Dann 10 Minuten ruhen lassen. Vom Rost nehmen und eingeschlagen 1 Stunde warm halten.

Alle Saucenzutaten außer Öl in einem Mixer pürieren. Das Öl in einem Topf auf dem Herd erhitzen und die Paste darin 10 Minuten rösten, bis sie anbrät. 100 ml Wasser einrühren und alles zu einer dicken Sauce einkochen. Das Fleisch zerrupfen und mit der Sauce vermengen. Salzen und pfeffern. Mit Zwiebeln und Koriandergrün in den Broten anrichten und mit Raita und Zhug zum Fleisch reichen.

RINDERBRUST

REZEPT NR. 12

BBQ-SUPERSTAR

Nun stehen Sie also kurz vor dem BBQ-Superstar-Status ...

Dieses Rezept für Rinderbrust, inzwischen auch unter der englischen Bezeichnung »Brisket« bekannt, ist eigentlich ganz einfach und kann mit Gewürzen variiert werden. Das Bruststück vom Rind variiert je nach Rasse, Fütterung, Alter des Tieres und Zuschnitt. Alle diese Variablen wirken sich auf die Garzeit aus, weshalb es sich hier weniger um ein richtiges Rezept, sondern eher um eine grobe Anleitung handelt.

Rechnen Sie pro 500 g Fleisch ca. eine Stunde Garzeit. Genaueres kann ich Ihnen leider nicht sagen; die Rinderbrust ist fertig, wenn das Fleisch fertig ist. Garen Sie die Rinderbrust bei möglichst exakt 110 °C bis zu einer Kerntemperatur von 75 °C. Dann wickeln Sie das Fleisch ein, damit es nicht austrocknet oder verkohlt, und garen es weiter bis zu einer Kerntemperatur von 93 °C.

1 dickes Bugstück (Rinderbrisket »Point«-Stück, Deckel mit Naht, 3–6 kg)

Salz und frisch gemahlener schwarzer Pfeffer

Letzte Sehnen und überschüssiges Fett vom Fleisch entfernen. Großzügig mit Salz und Pfeffer einreiben, dann mindestens 1 Stunde bei Raumtemperatur ruhen lassen.

Das Bugstück mit der Fettseite nach oben auf den Rost legen und bei geschlossener Kuppel bis zu 75 °C Kerntemperatur garen: pro 500 g Fleisch ca. 1 Stunde. Den Bug in Metzgerpapier oder Alufolie einschlagen und weiter im geschlossenen EGG bis zu einer Kerntemperatur von 93 °C garen. Die Garzeit kann stark variieren.

Das Bugstück aus dem Papier bzw. der Folie nehmen und vor dem Tranchieren 30 Minuten ruhen lassen.

FÜR ÜBER 10 PERSONEN

EGG-SETUP

Indirektes Setup; ConvEGGtor mit Beinen nach oben und Edelstahlrost.

Nach Belieben Holzchips (Hickory oder Eiche) in die Glut geben.

ZIELTEMPERATUR

110 °C

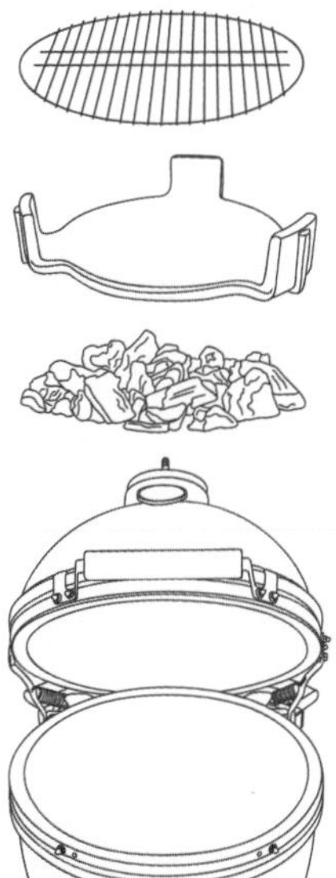

GRILLEN

Beim Grillen kommt das Gargut unmittelbar mit der Gluthitze in Kontakt. Es handelt sich also um eine direkte Garmethode ohne ConvEGGtor oder Dutch Oven, mit denen sich die Temperaturen regulieren oder das Gargut schützen lassen. Das EGG ist zwar sehr effizient, aber für das Garen mit direkter Hitze braucht man relativ viel Holzkohle, damit im EGG die Hitze entsteht, die beim Grillen in den meisten Fällen nur kurz gebraucht wird. Die Glut kann danach gelöscht und die verbleibende Holzkohle wiederverwendet werden. Alternativ können Sie die Resthitze im EGG effizient nutzen und ein weiteres Gericht darin zubereiten. Um das Beste aus meinem EGG und meiner Holzkohle zu holen, kombiniere ich gerne verschiedene Gartechniken. Wenn Sie also am Abend grillen möchten, zünden Sie das EGG frühzeitig an und bereiten erst ein Dutch-Oven-Gericht darin zu. Danach erhöhen Sie die Temperatur und grillen. Alternativ können Sie ein Gericht aus dem Kapitel »Dirty und Nachglüher« (s. S. 102) vorbereiten und nach dem Grillen in die Glut geben.

Denken Sie daran, die Temperatur Ihres EGG ausschließlich über die Zuluftventile bei geschlossener Kuppel zu steuern und das EGG nur zu öffnen, wenn Sie Zutaten dazugeben oder wenden wollen. Wenn Sie die Kuppel offen lassen, verlieren Sie die Kontrolle über die Temperatur im EGG, und dann kann es schwierig werden.

GANZER STEINBUTT

FÜR 4–6 PERSONEN

EGG-SETUP
Direktes Setup mit Edelstahlrost.

ZIELTEMPERATUR
150–180 °C

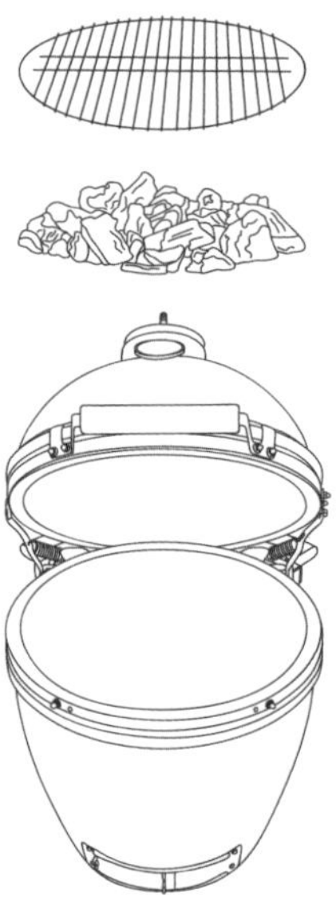

Für dieses Rezept brauchen Sie einen Fischkorb (auch als »Fischzange« oder »Fischgitter« bezeichnet), in dem empfindlicher Fisch auf den Rost gelegt und gewendet werden kann, ohne zu zerfallen. Ich lege den Fisch zwischen zwei Topfuntersetzer aus Drahtgitter, die ich mit Draht wie etwa aufgebogenen Büroklammern an allen Seiten locker zusammenbinde. Die Konstruktion lässt sich problemlos mit der Grillzange greifen und wenden.

Bereiten Sie sämtliche Beilagen vorher zu. Auch sollten Sie einen großen Teller parat haben, auf dem Sie den Fisch sofort nach dem Grillen zum Tisch tragen können. Denn wenn der Fisch erst einmal auf dem Rost liegt, haben Sie keine Zeit, sich um etwas anderes zu kümmern. Er braucht Ihre volle Aufmerksamkeit.

Mein fünfjähriger Sohn fand, dass dieses Gericht das beste war, was er jemals getestet hat. Schwer, dem zu widersprechen!

1 küchenfertiger ganzer Steinbutt oder Glattbutt (1,5–2 kg)

75 ml/5 EL Olivenöl, plus mehr zum Bestreichen

50 ml/3½ EL Fischfond

25 ml/1½ EL Weißwein

25 ml/1½ EL Weißweinessig

Meersalz

Die Fischhaut trocken tupfen. Mit Öl bestreichen und salzen. In den Grillkorb legen (siehe oben). Für die Sauce den Fischfond in einem sehr kleinen Topf auf die Hälfte einkochen, dann Wein, Essig und Olivenöl unterrühren.

Den Fisch im Grillkorb auf den Rost legen und bei geschlossener Kuppel 5 Minuten von jeder Seite grillen. Mit der Sauce bestreichen und weitergrillen, bis die dickste Stelle eine Kerntemperatur von mindestens 55 °C hat und die Haut dunkel gebräunt und knusprig ist. Die Gesamtgarzeit liegt bei 20–30 Minuten; vor dem Öffnen der Kuppel das EGG lüften (s. S. 12).

Den Fisch aus dem Grillkorb lösen und entweder filetieren oder, wie ich es schöner finde, im Ganzen servieren, sodass sich jeder selbst bedienen kann. Vor dem Servieren mit der restlichen Sauce überziehen.

PAELLA
mit Aioli aus geröstetem Knoblauch

FÜR 10–12 PERSONEN

EGG-SETUP
Direktes Setup mit Edelstahlrost und Paellapfanne.

ZIELTEMPERATUR
etwa 180 °C

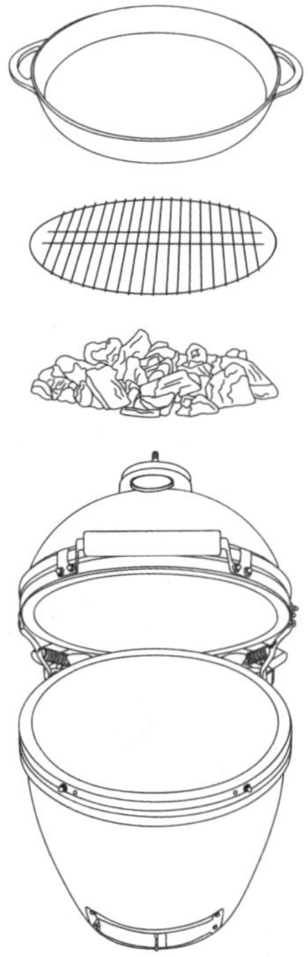

Paella hat den Ruf kompliziert und schwierig zu sein. Doch diese ist einfach und eine fantastische Sache – nicht nur die Zubereitung macht Spaß, sondern auch das Servieren: Man braucht einfach nur die Pfanne in die Tischmitte zu stellen, und schon bedienen sich alle begeistert davon. Sobald Sie die Zubereitung draufhaben, können Sie mit Aromen und Zutaten variieren und beispielsweise Chorizo, Schnecken, Garnelen, Muscheln und/oder Calamari dazugeben.

3 EL Olivenöl

2 Hähnchenkeulen, quer durch den Knochen in Stücke zerlegt (ca. 12 Stück insgesamt)

2 große Schweinerippchen, quer durch den Knochen in kleine Stücke zerlegt (bitten Sie in Ihrer Metzgerei darum)

1 Zwiebel, fein gewürfelt

1 rote Paprikaschote, entkernt und klein gewürfelt

3 Knoblauchzehen, in feine Scheiben geschnitten

1 gute Prise Paprikapulver edelsüß

3 Dosen geschälte Tomaten (à 400 g), abgetropft und grob gehackt

einige Safranfäden, 10 Minuten in etwas warmem Wasser eingeweicht

800 ml heiße Hühnerbrühe oder Wasser

400 g Paellareis

125 g frisch gekochte oder TK-Erbsen

1 Dose Limabohnen (400 g), abgespült und abgetropft

Salz

Aioli aus geröstetem Knoblauch (s. S. 183)

Zitronenspalten zum Servieren

Das Öl in der vorgeheizten Paellapfanne erhitzen. Hähnchenfleisch und Schweinerippchen darin bei geschlossener Kuppel etwa 10 Minuten anbräunen. Dabei nach der Hälfte der Zeit einmal wenden.

Das Fleisch an den Pfannenrand schieben. Zwiebel, Paprika und Knoblauch zugeben und mindestens 5 Minuten braten. Paprikapulver, Tomaten und Safran samt Einweichwasser zufügen und 5 Minuten garen. Dann die Fleischstücke untermischen.

Die heiße Brühe oder das Wasser zugießen und kräftig aufkochen. Mit Salz würzen (die Sauce sollte etwas salziger schmecken, als Sie es normalerweise mögen, da der Reis noch viele Aromen aufnimmt; 1–1½ TL sind okay).

Den Reis zufügen und an der Pfanne rütteln, damit sich die Zutaten gleichmäßig verteilen. Ab jetzt nicht mehr rühren, sodass sich eine schöne Kruste am Boden (»Socarrat«) bilden kann, die zu einer guten Paella dazugehört. Bei geschlossener Kuppel insgesamt etwa 20 Minuten garen, bis die Flüssigkeit aufgesogen und der Reis gar ist, aber noch leichten Biss hat. Dabei nach der Hälfte der Garzeit, wenn auch etwa die Hälfte der Flüssigkeit aufgenommen ist, Erbsen und Bohnen auf dem Reis verteilen.

Die Paella aus dem EGG nehmen und mindestens 10 Minuten ruhen lassen. Inzwischen die Aioli zubereiten. Die Paella direkt aus der Pfanne mit Zitronenspalten zum Beträufeln und der Aioli servieren.

GARNELEN-SATÉ

Dies ist vermutlich das vielseitigste Rezept in diesem Buch: Die Sauce passt nicht nur zu den traditionellen Partnern Garnele, Hähnchen und Schweinefleisch, sondern genauso gut auch zu Ziege, Lamm, Rindfleisch und Tofu. Servieren Sie die Spieße als Vorspeise oder mit Reis als Hauptgang. Wenn Sie Bambusspieße verwenden, weichen Sie sie vorher 30 Minuten in Wasser ein.

FÜR 4 PERSONEN

EGG-SETUP
Direktes Setup mit Edelstahlrost.

ZIELTEMPERATUR
160–210 °C

1 EL Sriracha-Sauce, plus mehr zum Servieren

4 EL Ketjap manis (süße Sojasauce, oder helle Sojasauce gemischt mit 2 TL Zucker)

600 g Garnelen oder Fleisch Ihrer Wahl, in 2–3 cm große Würfel geschnitten

1–2 TL getrocknete Chiliflocken (nach Belieben)

200 ml Vollfett-Kokosmilch

150 g Erdnussmus (ohne Zuckerzusatz)

1 TL gemahlene Kurkuma

2 Knoblauchzehen, fein gehackt

1 EL fein geriebener oder gehackter Ingwer

1 Limette

Salz, falls nötig

1–2 Salatgurken, geschält, entkernt und in Stifte geschnitten, zum Servieren

Sriracha-Sauce und 2 EL Ketjap manis in einer Schüssel verrühren. Garnelen oder Fleisch darin wenden und abgedeckt möglichst lange marinieren: den ganzen Tag bzw. über Nacht oder ein paar Stunden (bei längerer Marinierzeit im Kühlschrank aufbewahren und vor der Zubereitung wieder Raumtemperatur annehmen lassen).

Das restliche Ketjap manis mit Chiliflocken und Kokosmilch in einem kleinen Topf bei schwacher Hitze auf dem Herd verrühren. Erdnussmus, Kurkuma, Knoblauch und Ingwer zufügen. Die Mischung mit dem Saft einer Limettenhälfte im Mixer zu einer glatten Masse verarbeiten. Bei Bedarf mit Salz und weiteren Chiliflocken abschmecken und, falls die Sauce zu dick ist, mit Wasser strecken. Die Sauce in eine Servierschale füllen und warm halten.

Die Garnelen auf Spieße stecken. Auf den Rost legen und bei geschlossener Kuppel 1 Minute von jeder Seite grillen (3–5 Minuten von jeder Seite für Fleisch), bis die Oberfläche schön karamellisiert und das Fleisch durchgegart ist.

Die Spieße mit Gurkenstiften und der Satésauce zum Dippen, der zweiten Limettenhälfte zum Beträufeln sowie extra Sriracha-Sauce servieren.

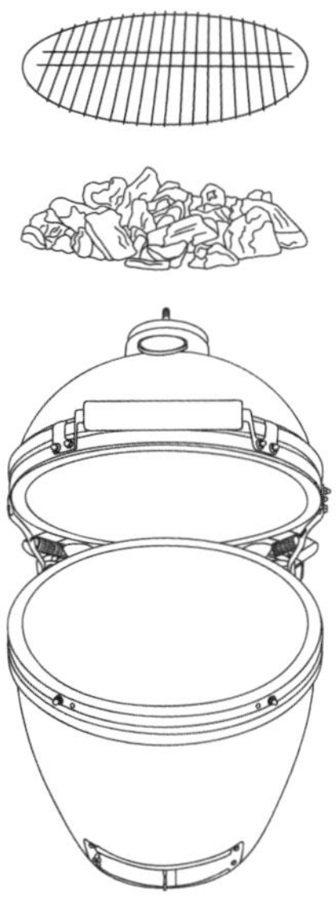

LAMMKEULE

mit Muskateller & grünen Oliven

FÜR 4–6 PERSONEN

EGG-SETUP
Direktes Setup mit Edelstahlrost.

ZIELTEMPERATUR
160–210 °C

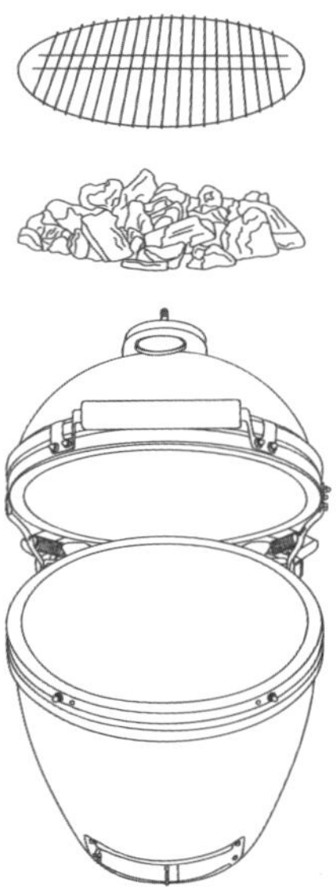

Die Aromen von Lammfleisch und südspanischen Gewürzen verbinden sich hier aufs Köstliche mit den Rauchnoten zu einem vollmundigen, kräftigen Gesamtaroma. Anstelle der Keule können Sie auch eine aufgeklappte Lammschulter verwenden oder das Lamm- durch Ziegenfleisch ersetzen.

1 Lammkeule (1,5 kg), entbeint und aufgeklappt

50 ml/3½ EL natives Olivenöl extra (am besten spanisches)

50 ml/3½ EL Moscatel-Essig (oder eine Mischung aus Orangen- und Zitronensaft)

4 Lorbeerblätter, grob gehackt

3 Knoblauchzehen, zerdrückt

½ TL (geräuchertes) Paprikapulver edelsüß

2 EL frische Thymianblätter

je ½ EL Salz und frisch gemahlener schwarzer Pfeffer, plus etwas mehr zum Würzen

15 entsteinte grüne Oliven, grob gehackt

1 kleines Bund glatte Petersilie, Blätter grob gehackt

½ TL getrocknete Guindilla- oder milde Chiliflocken

In einer Schüssel, die groß genug für das Lamm ist, 1 EL Olivenöl mit der Hälfte des Essigs sowie Lorbeerblättern, Knoblauch, Paprikapulver und der Hälfte der Thymianblätter verrühren. Das Lamm darin wenden und abgedeckt mindestens 2 Stunden oder über Nacht im Kühlschrank ziehen lassen. Vor der Zubereitung wieder Raumtemperatur annehmen lassen.

Das Lammfleisch salzen und pfeffern. Auf den Rost legen und bei geschlossener Kuppel insgesamt 12–15 Minuten unter häufigerem Wenden grillen, bis das Fleisch schön rosa ist (oder etwas länger, wenn es durchgegarter sein soll).

Die Oliven mit restlichem Thymian, Olivenöl und Essig mischen. Petersilie und Chiliflocken unterrühren. Das Lammfleisch mit der Kräutermischung bestreichen und mit Alufolie abgedeckt 10 Minuten ruhen lassen. Bei Bedarf mit Salz und Pfeffer würzen. In Scheiben schneiden und mit sautierten Kartoffeln oder gebratenen Paprikaschoten und einem grünen Salat servieren.

CALAMARI

mit Nam Jim Jaew

Die Sauce für dieses Gericht funktioniert auch sehr gut mit Garnelen, den meisten Fischsorten und sogar Hähnchen. Es ist ein schnelles Gericht, bei dem Sie unbedingt darauf achten sollten, dass der Tintenfisch nicht zu lange gegart wird, da er sehr schnell bei sehr hohen Temperaturen gegrillt werden sollte. Rein, raus, fertig! Stellen Sie deshalb unbedingt sicher, dass das EGG die richtige Temperatur erreicht hat.

4 Knoblauchzehen, fein gehackt

½ kleines Bund Koriandergrün, Stängel und Blätter getrennt und fein gehackt

2 Stängel Zitronengras, nur saftiger weißer Unterteil, in feine Ringe geschnitten

80 ml Fischsauce

Saft von 1½ Limetten

¼ TL fein gemahlener weißer Pfeffer

3–4 mittelgroße küchenfertige Calamari

50 g Thai-Klebreis (Unco-Oked)

20 g rote Bird's-Eye-Chilischoten oder eine andere scharfe kleine Sorte

60 g Palm- oder brauner Zucker

1 große Schalotte, fein gehackt

Knoblauch, Korianderstängel und Zitronengras mit der Hälfte der Fischsauce sowie dem Saft von ½ Limette und weißem Pfeffer in einer Schüssel verrühren. Den Tintenfisch darin wenden und mindestens 30 Minuten und bis zu 4 Stunden marinieren.

Wenn das EGG die Zieltemperatur erreicht hat, die Glut noch 30 Minuten stehen lassen, bevor der Tintenfisch gegrillt wird. Eine Pfanne 1 Minute im EGG vorheizen. Den Reis in einer dünnen Schicht auf dem ganzen Pfannenboden verteilen und 10–20 Minuten unter häufigem Rütteln hellbraun rösten.

Den Reis 5 Minuten abkühlen lassen. Inzwischen die Chilischoten auf den Rost legen und 5 Minuten grillen, bis sie geschwärzt sind und weich zu werden beginnen. Etwas abkühlen lassen und so heiß wie möglich fein hacken (die Kerne entfernen, wenn das Gericht nicht so scharf werden soll). Den Reis im Mörser oder einer Gewürzmühle grob mahlen.

Für das Nam Jim Jaew Zucker, restliche Fischsauce, Saft von 1 Limette, 1 EL gemahlenen Reis, Schalotte und gehackte Korianderblätter in einer Schale verrühren. Nach Geschmack die gehackte Chili unterrühren.

Den Tintenfisch aus der Marinade nehmen, auf den Rost legen und bei geschlossener Kuppel 1–3 Minuten von jeder Seite gar grillen. Mit etwas gemahlenem Reis bestreuen und sofort mit der Sauce zum Dippen servieren.

FÜR 4–6 PERSONEN

EGG-SETUP
Direktes Setup mit Edelstahlrost.

ZIELTEMPERATUR
200–240 °C

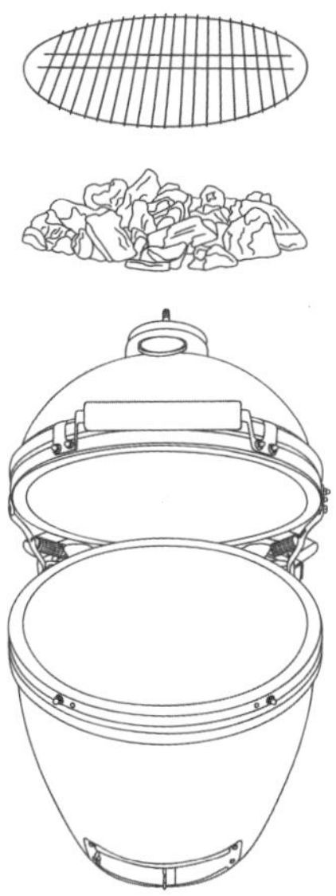

GRÜNE TANDOORI-HÄHNCHENSPIESSE

FÜR 4 PERSONEN

EGG-SETUP
Direktes Setup mit Edelstahlrost.

ZIELTEMPERATUR
190–210 °C

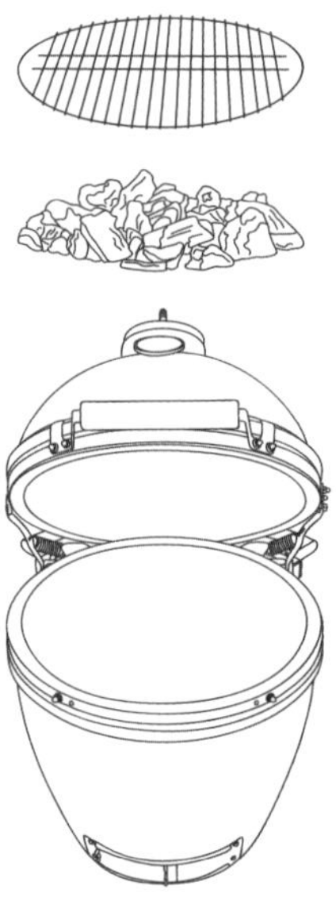

Dieses Gericht gehört zu den absoluten Favoriten meiner Familie. Die spritzige Zitrone und der Koriander sind die perfekte Ergänzung zu den tief gebräunten, krossen Fleischstücken. Wenn Sie mehr Marinade zubereiten, können Sie auch ein Stubenküken oder ein halbes Grillhähnchen auf den Grill legen.

8 Hähnchenoberkeulen, entbeint (nach Belieben mit oder ohne Haut)

Für die Marinade

1 kleines Bund Koriandergrün (15 g), grob gehackt

2 Knoblauchzehen, grob gehackt

1–3 frische grüne Chilischoten (entkernt, wenn das Gericht weniger scharf werden soll), grob gehackt

1 EL geriebener Ingwer

1 TL gemahlene Kurkuma

1 EL Garam masala

1 TL Chilipulver, nach Belieben mehr oder weniger

Saft von 1 Zitrone

1 EL Zucker

1 TL Salz

½ TL zerstoßene schwarze Pfefferkörner

1 EL Pflanzenöl

Zum Servieren

Paratha oder Naan (s. S. 173 bzw. 171)

Raita (s. S. 187)

Zhug (s. S. 190)

Für die Marinade alle Zutaten im Mixer zu einer Paste verarbeiten. Die Hähnchenkeulen darin wenden und abgedeckt mindestens 1 Stunde und bis zu 8 Stunden über Nacht im Kühlschrank marinieren (vor der Zubereitung wieder Raumtemperatur annehmen lassen).

Die Hähnchenkeulen aus der Marinade nehmen und gleichmäßig verteilt auf vier Spieße stecken. Die Spieße (mit der Hautseite nach unten) auf den Rost legen und bei geschlossener Kuppel 10 Minuten grillen. Die Spieße wenden und weitere 10–15 Minuten bis zu einer Kerntemperatur von 74 °C garen.

Die Spieße 10 Minuten ruhen lassen. Dann mit Brot, Raita und Zhug (oder einer anderen Chilisauce) servieren. Sie können das Fleisch auch ohne Spieße garen. Lassen Sie es in diesem Fall am Knochen.

SCHNELL GEGRILLTE RIPPCHEN

oder Schweinebauch mit Chimichurri

FÜR 4 PERSONEN

EGG-SETUP
Direktes Setup mit Edelstahlrost.

ZIELTEMPERATUR
190–210 °C

Für dieses Gericht werden die Rippchen im »Flanken Style« geschnitten, das heißt quer durch die Rippen und nicht wie üblich längs. (Bestellen Sie die Rippchen also entsprechend in Ihrer Metzgerei vor.) Der Querschnitt sorgt dafür, dass man die Rippchen genießen kann, ohne stundenlang warten zu müssen. Alternativ können Sie dieses Rezept auch mit Schweinebauchscheiben zubereiten, die allerdings auf jeder Seite eine Minute länger brauchen.

Ich liebe dieses Gericht, weil Short Ribs oder Schweinebauch normalerweise viel Zeit und Aufwand erfordern. Aber hier ist alles anders, und man hat schnell und einfach ein leckeres Essen auf dem Teller. Sobald Sie das Grundrezept beherrschen, können Sie mit eigenen Gewürzmischungen experimentieren.

800 g Querrippe (Short Ribs), quer geschnitten (2–3 cm dick, siehe oben) oder Schweinebauch, vor dem Anzünden des EGG aus dem Kühlschrank genommen

Meersalzflocken und grob gemahlener schwarzer Pfeffer

Chimichurri (s. S. 190) oder Ihre Lieblingsgrillsauce zum Servieren

Die Rippchen von beiden Seiten großzügig mit Salz und Pfeffer bestreuen, auf den Rost legen und bei geschlossener Kuppel 4–6 Minuten von jeder Seite bis zur gewünschten Garstufe grillen (am besten schmeckt das Fleisch rosa gegart).

5 Minuten ruhen lassen, dann mit der ausgewählten Sauce servieren.

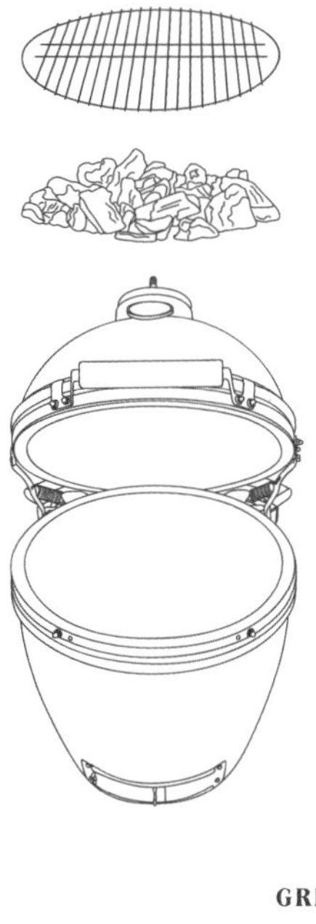

GEGRILLTES ONGLET MIT SCHALOTTEN

FÜR 4 PERSONEN

EGG-SETUP
Direktes Setup mit Edelstahlrost und Gusseisenpfanne.

ZIELTEMPERATUR
230–250 °C

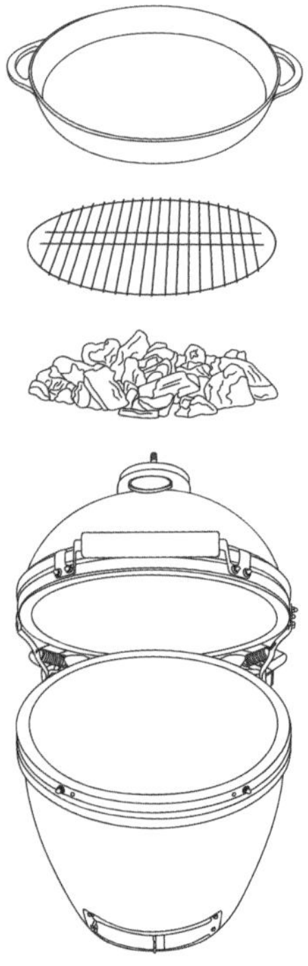

Onglet ist ein hierzulande noch relativ unbekannter Fleischschnitt. In Frankreich ist der sogenannte Nierenzapfen aber sehr beliebt und ein klassisches Bistrogericht. Wenn Sie den Nierenzapfen selbst parieren, achten Sie darauf, die komplette Fett- und Sehnenschicht und auch die Mittelsehne zwischen den beiden Fleischteilen zu entfernen. Ein guter Nierenzapfen sollte feine Lebernoten aufweisen.

800 g parierter Nierenzapfen (Onglet oder Hanging Tender) oder Bavette-Steak, vor dem Anzünden des EGG aus dem Kühlschrank genommen

1 EL Olivenöl

100 g kalte Butter, gewürfelt

400 g Schalotten, in feine Scheiben geschnitten

2 Knoblauchzehen, fein gehackt

100 ml Rotwein

1 EL Rotweinessig

Salz und frisch zerstoßener schwarzer Pfeffer

Das Fleisch mit dem Olivenöl bestreichen, großzügig salzen und pfeffern und 5 Minuten ziehen lassen.

Eine gusseiserne Pfanne zum Vorheizen auf den Rost stellen. Das Steak in die Pfanne geben und bei geschlossener Kuppel 2–3 Minuten von jeder Seite bis zu einer Kerntemperatur von etwa 50 °C braten. Das Fleisch aus der Pfanne nehmen und 5–10 Minuten an einem warmen Ort ruhen lassen.

Nun 2 EL Butter zusammen mit Schalotten und Knoblauch in die Pfanne geben, sorgfältig mischen und 3–4 Minuten garen, bis die Schalotten weich sind und zu bräunen beginnen. Dabei einmal umrühren.

Das Fleisch mit der restlichen Butter wieder in die Pfanne geben. Wein und Essig zugießen und bei geschlossener Kuppel 2–3 Minuten garen, bis die Flüssigkeit fast verdampft ist, ohne sie kochen zu lassen.

Das Fleisch gegen die Faser in feine Scheiben schneiden. Mit der flüssigen Butter überziehen und mit den Schalotten servieren.

VERDURA MISTA

FÜR 4 PERSONEN ALS HAUPTGERICHT
oder für 8 Personen als Beilage

EGG-SETUP
Direktes Setup mit Edelstahlrost (oder Gusseisenrost, falls vorhanden).

ZIELTEMPERATUR
180–200 °C

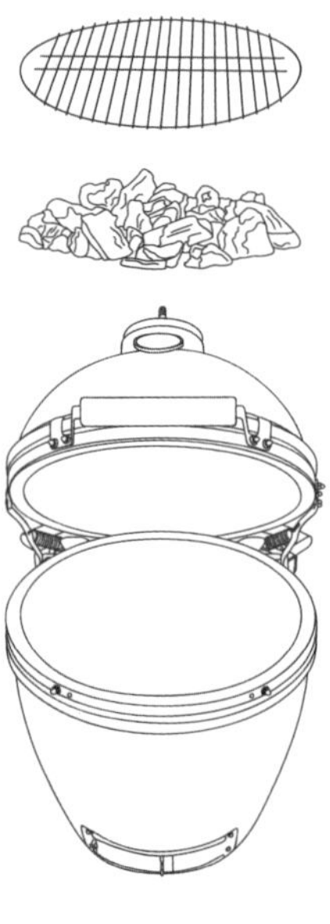

Die wörtliche Übersetzung für dieses Gericht lautet »gemischtes Gemüse«, aber »Verdura mista« kling natürlich wesentlich attraktiver. Sie können das Gericht das ganze Jahr über auf dem Grill zubereiten. Wenn Sie ein Maximum an Aromen herausholen wollen, passen Sie das Gemüse einfach dem saisonalen Angebot an. Es nimmt nach dem Garen viel aromatisches Olivenöl auf, seien Sie also nicht zu geizig damit.

Im Sommer:

1 große Aubergine, längs in 1 cm dicke Scheiben geschnitten

2 Zucchini, längs in 1 cm dicke Scheiben geschnitten

1 Bund grüner Spargel (350 g)

2 rote Paprikaschoten

2 gelbe Paprikaschoten

Im Winter:

1 Fenchelknolle, in 5 mm dicke Scheiben geschnitten, Fenchelgrün zum Garnieren beiseitelegen

1 mittelgroßer Kürbis, in 4–5 cm dicke Scheiben geschnitten

2 rote Zwiebeln, in 2–3 cm breite Spalten geschnitten

Zum Servieren

90 ml/6 EL natives Olivenöl extra, plus mehr zum Beträufeln

3 EL Rotweinessig

2 Knoblauchzehen, fein gehackt

1 gehäufter EL geräucherter Ricotta (s. S. 99)

1 kleines Bund Basilikum, Blätter abgezupft

Meersalz und frisch gemahlener schwarzer Pfeffer

Das vorbereitete Gemüse auf einem großen Schneidebrett oder Blech bereitlegen. Portionsweise auf den Rost legen und bei geschlossener Kuppel 5–10 Minuten grillen, bis es schön gebräunt und weich ist. Denken Sie daran, dass jede Gemüsesorte eine andere Garzeit hat, also überprüfen und wenden Sie es regelmäßig und geben es in eine große Schüssel, sobald es nach Ihrem Geschmack gegart ist (halten Sie die gegrillten Paprikaschoten, falls verwendet, vorerst getrennt).

Falls verwendet, die Paprikaschoten so gut wie möglich häuten, halbieren und das Kerngehäuse entfernen. Die Paprikahälften in Streifen zupfen und zum restlichen Gemüse in die Schüssel geben.

Olivenöl, Essig und Knoblauch mit je einer großzügigen Prise Salz und Pfeffer in einer Schale verrühren und das Gemüse damit überziehen.

Das Gemüse auf einer Servierplatte anrichten. Den geräucherten Ricotta darüberkrümeln. Die Basilikumblätter zerzupfen und zum Gemüse geben, ebenso wie das gehackte Fenchelgrün, falls verwendet. Mit weiterem Olivenöl beträufeln.

FRÜHLINGSZWIEBELN MIT ROMESCO-SAUCE

Jedes Jahr im Januar veranstalten die Katalanen ihre »Calçotada«, ein Fest, mit dem die Calçot, ein Frühlingszwiebel-Lauch-Hybrid, gewürdigt wird. Dabei versammeln sich Hunderte Menschen um ein offenes Feuer, über dem das Gemüse geröstet und an Picknicktischen geschält und dann am Stück gegessen wird, was an Schwertschlucker oder Seevögel erinnert.

Das Gemüse kann auch als Nachglüher oder eben, wie hier gezeigt, zubereitet werden. Das Wichtigste ist, dass das Gemüse außen schön geschwärzt ist, sodass das Innere umso süßer und weich wird. Sortieren Sie zu dünne Calçots aus; das Gemüse sollte mindestens daumendick sein. Als Ersatz können Sie oben eingekürzte junge Lauchstangen verwenden.

2 Bund dicke Calçots (ca. 15–20), Frühlingszwiebeln oder junge Lauchstangen

Für die Romesco-Sauce

1 rote Paprikaschote

1 Knoblauchknolle

1 große Schalotte

1 große Tomate

1 große Scheibe Sauerteigbrot oder Ciabatta

1 EL Rotwein- oder Sherryessig, plus mehr zum Abschmecken

1 TL Paprikapulver (nach Belieben geräuchertes)

1 Prise getrocknete Chiliflocken (nach Belieben zum Abschmecken)

3 EL natives Olivenöl extra, plus mehr zum Beträufeln

50 g Mandelblättchen oder ganze Mandel- oder Haselnusskerne

Salz und frisch gemahlener schwarzer Pfeffer

Für die Romesco-Sauce Paprikaschote, Knoblauchknolle, Schalotte und Tomate auf den Rost legen und bei geschlossener Kuppel 12–15 Minuten weich grillen. Dabei einmal wenden.

Das Brot toasten, entrinden und in kleine Stücke zupfen. Die Schalotte abziehen. Die Paprikaschote häuten und entkernen. Die weichen Knoblauchzehen aus den Schalen drücken.

Brot, Knoblauch, Paprika, Schalotte und Tomate mit Essig, Paprikapulver und Chiliflocken, falls verwendet, im Mixer glatt pürieren. Das Olivenöl bei laufendem Motor in einem dünnen Strahl zugießen, bis eine emulgierte Sauce entstanden ist. Die Mandeln zugeben und mit der Pulse-Funktion grob einarbeiten. Die Sauce mit Salz und Pfeffer und weiterem Essig abschmecken. Beiseitestellen.

Die Calçots auf den Rost legen und bei geschlossener Kuppel 6–8 Minuten unter mehrmaligem Wenden grillen, bis sie außen geschwärzt und innen weich sind. In Zeitungspapier oder Alufolie einschlagen und 10–15 Minuten an einem warmen Ort ruhen lassen (der Dampf sorgt dafür, dass sich die Calçots leichter schälen lassen).

Den Wurzelansatz der Calçots abschneiden und die verkohlten äußeren Blätter abziehen. Sofort mit der Romesco-Sauce zum Dippen servieren.

FÜR 4 PERSONEN

EGG-SETUP
Direktes Setup mit Edelstahlrost.

ZIELTEMPERATUR
220–250 °C

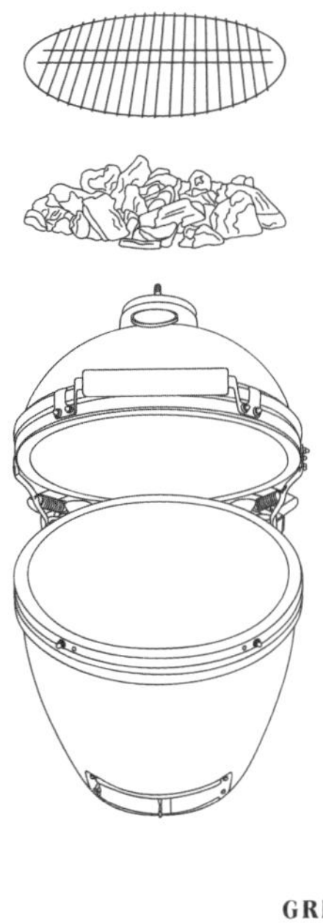

PLANCHA

Eine Plancha ist eine glatte Metallplatte, auf der bei großer Hitze gegrillt bzw. gebraten werden kann. Im EGG kann diese Garmethode mit der Grillplatte aus Gusseisen, einer Keramikplatte oder einer Edelstahl- bzw. Gusseisenpfanne imitiert werden.

Der Vorteil einer Plancha besteht darin, dass die Wärmeenergie über die glatte Metallfläche sehr gleichmäßig auf das Gargut übertragen wird. Planchas sind auch sehr gut geeignet, um Fisch und Geflügel sehr knusprig auf der Haut zu braten, und bieten eine tolle Möglichkeit, den Kochbereich eines EGG zu erweitern, während Sie daneben etwas anderes über direkter Hitze garen.

ENTENBRUST

FÜR 4 PERSONEN

EGG-SETUP
Direktes Setup mit Edelstahlrost und Grillplatte aus Gusseisen.

ZIELTEMPERATUR
180–200 °C

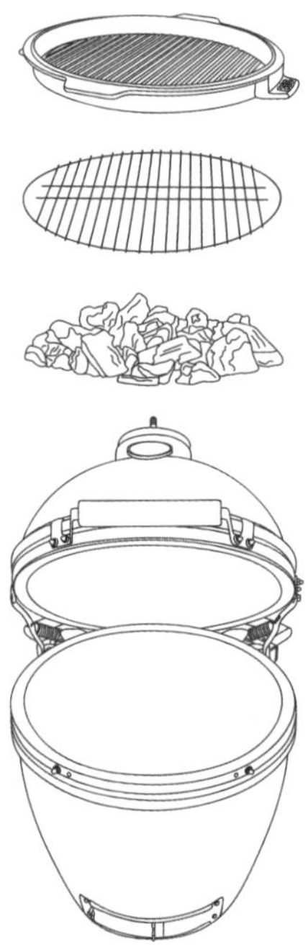

Wenn Sie die Haut in den ersten 30 Sekunden flach auf die heiße Metallfläche gedrückt halten, entsteht eine gleichmäßige, knusprige Kruste. Dieses Rezept funktioniert auch mit einer ganzen Ente, die erst bei 180 °C über indirekter Hitze und dann etwa 45 Minuten bei 250 °C gebraten, anschließend glasiert und noch einmal 10–15 Minuten gebraten wird.

4 Entenbrüste

Salz und frisch gemahlener schwarzer Pfeffer

Für die Glasur

2 EL Entenschmalz oder Olivenöl

1 Knoblauchzehe, sehr fein gehackt

1 TL frische Thymianblätter

50 g rotes Johannisbeergelee

1 EL Armagnac oder Weinbrand (oder Calvados)

Die Entenbrüste trocken tupfen und von beiden Seiten salzen und pfeffern.

Die Entenbrüste mit der Hautseite nach unten auf die vorgeheizte Platte legen und mit einem Metallspatel 30 Sekunden andrücken, sodass die Haut gleichmäßig gebräunt wird. (Sie können dafür auch einen Ziegelstein verwenden, siehe Rezept S. 98.)

Die Entenbrüste nun bei geschlossener Kuppel 8–10 Minuten goldbraun braten, dann wenden und weitere 8–10 Minuten garen.

Inzwischen für die Glasur alle Zutaten in einer Schale verrühren.

Die Entenbrüste von beiden Seiten großzügig mit der Glasur bestreichen und 6–8 Minuten auf einem Schneidebrett ruhen lassen. Dann in 2 cm dicke Scheiben schneiden. Die Entenbrüste sollten medium, das heißt bis zu einer Kerntemperatur von 60–63 °C gegart werden. Sofort servieren.

LAMMRACKS
mit Salsa verde

Diese schnellen Lammracks lassen sich sehr gut mit anderen Gerichten, beispielsweise mit den Frühlingszwiebeln von S. 91 als Beilage kombinieren, oder servieren Sie vorweg die Jakobsmuscheln von S. 114, die Sie rasch zubereiten können, während die Lammracks ruhen.

Salsa Verde ist unglaublich vielseitig. Sie passt gut zu Fisch, hellem Geflügel und gebratenem Gemüse und ist sogar eine tolle Salatsaucengrundlage.

FÜR 2 PERSONEN

EGG-SETUP
Direktes Setup mit Edelstahlrost und Grillplatte aus Gusseisen; dann indirektes Setup mit ConvEGGtor mit Beinen nach oben und Edelstahlrost.

ZIELTEMPERATUR
210–230 °C, dann 190 °C

4 EL Salsa Verde (s. S. 189), plus mehr zum Servieren

2 Lammracks

Die Lammracks von beiden Seiten mit der Salsa Verde bestreichen und 1 Stunde marinieren.

Die Lammracks auf die vorgeheizte Platte legen und bei geschlossener Kuppel 4 Minuten von jeder Seite anbraten. Die Lammracks aus dem EGG nehmen. Den ConvEGGtor zum indirekten Garen einsetzen. Den Rost darauflegen und die Temperatur auf 190 °C sinken lassen, was 3–4 Minuten dauern sollte. Die Lammracks so auf den Rost legen, dass die Rippen ineinander verzahnt nach oben zeigen, und bei geschlossener Kuppel 20–30 Minuten bis zu einer Kerntemperatur von 53 °C garen.

Die Lammracks mindestens 10 Minuten auf einem Schneidebrett ruhen lassen, dann in einzelne Koteletts tranchieren. Sofort mit Salsa Verde servieren.

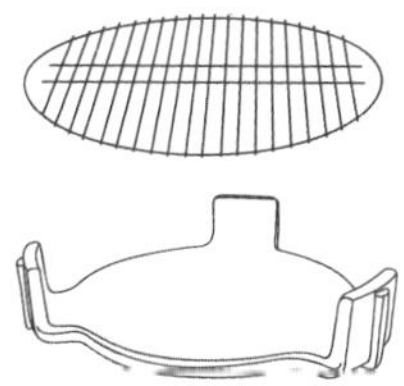

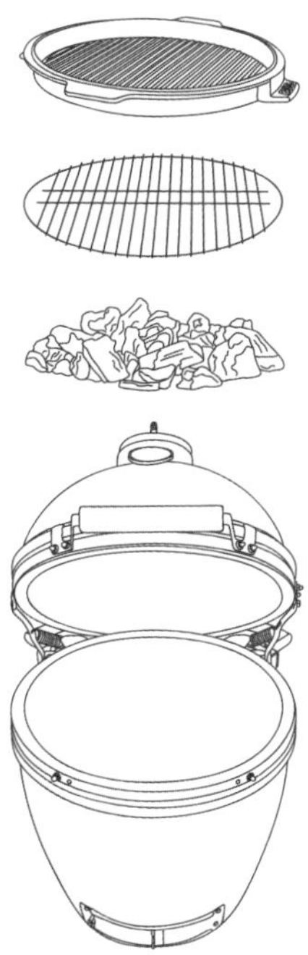

MAKRELE

mit Fencheldressing

FÜR 6 PERSONEN

EGG-SETUP

Die Fische vor dem Anzünden des EGG marinieren.

Direktes Setup mit Edelstahlrost (oder Gusseisenrost, falls vorhanden) und Grillplatte aus Gusseisen.

ZIELTEMPERATUR

160–190 °C

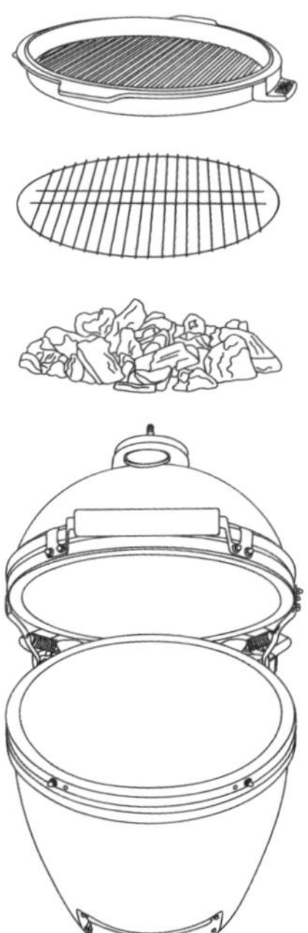

Frische Makrelen sind kaum zu toppen, aber das Rezept funktioniert auch mit Sardinen, Forellen oder Heringen. Legen Sie die Fische mit ausreichend Abstand auf die Plancha, damit Sie sie mit zwei Löffeln, Spateln oder einem Fischwender um die eigene Längsachse drehen können. Das ist die beste Art, die Fische zu wenden, ohne dass sie zerfallen oder die Haut beschädigt wird.

2 Fenchelknollen, geputzt und fein gehackt (einschließlich Fenchelgrün)

2 große Schalotten, sehr fein gehackt

2 Knoblauchzehen, sehr fein gehackt

2 EL Kapern, grob gehackt

1 Bund glatte Petersilie, Blätter fein gehackt

Saft und fein abgeriebene Schale von 2 Bio-Zitronen

2 EL Chardonnay- oder anderer Weißweinessig

150 ml Olivenöl, plus mehr zum Bestreichen

6 mittelgroße frische Makrelen, küchenfertig

Salz und frisch gemahlener schwarzer Pfeffer

Fenchel und Schalotten in einer Schüssel mischen, 1 TL Salz unterrühren und 20 Minuten ziehen lassen, dann abspülen und abtropfen lassen.

Knoblauch, Kapern, Petersilie, Zitronenschale und -saft, Essig und Olivenöl unter die Fenchel-Schalotten-Mischung mengen. Salzen und pfeffern.

Die Makrelen auf beiden Seiten jeweils 5–6-mal tief einschneiden. Innen und außen großzügig salzen und pfeffern und mit 4 EL Fenchel-Schalotten-Mischung einreiben, auch etwas von der Mischung in den Bauchraum geben. Die Makrelen mindestens 15 Minuten marinieren.

Die Fische außen leicht mit Öl bestreichen. Auf die vorgeheizte Platte legen und bei geschlossener Kuppel 7–8 Minuten garen. Die Makrelen vorsichtig wenden und weitere 7–8 Minuten braten, bis das Fleisch nicht mehr glasig ist und sich von den Gräten lösen lässt. Die Makrelen mit der restlichen Fenchel-Schalotten-Mischung servieren.

HÄHNCHENKEULEN
mit Harissa

FÜR 4 PERSONEN

EGG-SETUP
Direktes Setup mit Edelstahlrost und Grillplatte aus Gusseisen.

ZIELTEMPERATUR
160–180 °C

Für dieses Rezept brauchen Sie in Alufolie eingewickelte Ziegelsteine. Alternativ können Sie eine schwere Gusseisenpfanne oder eine spezielle Grillpresse verwenden, um das Fleisch zu beschweren.

Hier können Sie zwischen zwei Marinaden auswählen. Legen Sie die Hähnchenkeulen mindestens zwei Stunden, besser noch über Nacht darin ein. Alternativ braten Sie die Keulen einfach mit Olivenöl, Salz und Pfeffer.

Diese Zubereitungsart klappt auch mit einem ganzen entbeinten Hähnchen, das Sie einfach 5–6 Minuten länger rösten und ein paar Mal wenden, um sicher zu sein, dass es durchgegart ist.

12 ausgelöste Hähnchenoberkeulen mit Haut (bitten Sie in Ihrer Metzgerei, sie zu entbeinen)

Salz

1 Portion Harissa (s. S. 186) zum Servieren

Marinade 1

1 TL getrocknete Chiliflocken

4 Knoblauchzehen

abgeriebene Schale von 1 Bio-Zitrone

1 EL frische Thymianblätter oder grob gehackte Rosmarinnadeln

2 EL Olivenöl

Marinade 2

2 TL geröstete, gemahlene Kreuzkümmelsamen

2 TL geröstete, gemahlene Koriandersamen

½ TL gemahlener Kardamom

1 TL gemahlener Zimt

2 Knoblauchzehen

1 kleine Zwiebel, grob gehackt

2 EL Olivenöl

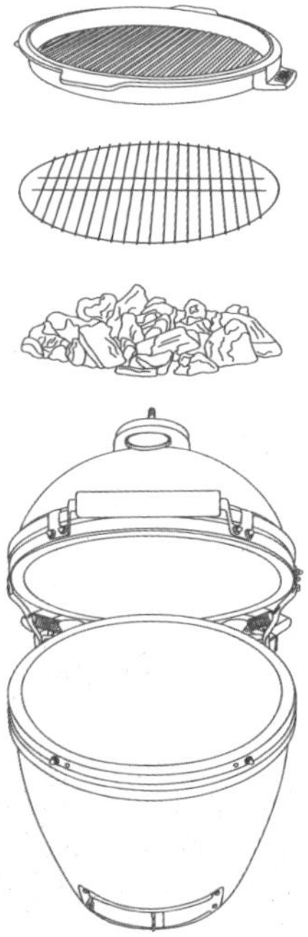

Die Zutaten für die ausgewählte Marinade im Mixer zu einer Paste verarbeiten. Alternativ die jeweiligen Trockenzutaten sehr fein hacken und mit dem Olivenöl verrühren.

Die Hähnchenkeulen in einer Schüssel sorgfältig in der Marinade wenden und damit einreiben. Abgedeckt mindestens 2 Stunden oder über Nacht im Kühlschrank marinieren. Vor der Zubereitung wieder Raumtemperatur annehmen lassen.

Die Hähnchenkeulen salzen. Mit der Hautseite nach unten auf die vorgeheizte Platte legen und bei geschlossener Kuppel einige Minuten anbraten. Dann die Ziegelsteine oder ein anderes schweres Gewicht darauflegen, sodass der Druck gleichmäßig auf dem Fleisch verteilt ist. Weitere 6–10 Minuten braten, bis das Fleisch durchgegart ist.

Die Hähnchenkeulen 5 Minuten ruhen lassen. Nach Belieben in Streifen schneiden oder ganz lassen. Sofort mit der Harissa servieren.

GERÄUCHERTER RICOTTA

Rauchiger gebratener Ricotta ist eine brillante Ergänzung zu den gegrillten oder gebackenen Rezepten in diesem Buch. Auf geröstetem Brot ergibt er aber auch einen schönen Mittagssnack. Der geräucherte Ricotta ist eine ideale Nachglüher-Zubereitung, für die Sie den Frischkäse einfach im EGG lassen, bis er erkaltet ist. Nach Belieben können Sie auf diese Weise auch eine größere Portion Ricotta zubereiten.

250 g Ricotta (Laib), abgetropft

2 EL fein gehackte frische Kräuter (glatte Petersilie, Thymian, Schnittlauch und Basilikum)

1 Prise getrocknete Chiliflocken (nach Belieben)

30 ml/2 EL natives Olivenöl extra

½ TL zerstoßene Koriander- oder Fenchelsamen

Meersalzflocken und frisch gemahlener schwarzer Pfeffer

Den Ricotta salzen und pfeffern. Auf die vorgeheizte Platte (oder in die Gusseisenpfanne) legen und bei geschlossener Kuppel 25–30 Minuten garen, bis eine hellbraune Rinde entstanden ist.

Inzwischen gehackte Kräuter, Chiliflocken, falls verwendet, und Olivenöl vermengen. Salzen und pfeffern. 5 Minuten bevor der Ricotta fertig ist, den Frischkäse mit 1 EL Kräutermischung überziehen und mit den Samen bestreuen.

Den Ricotta auf einen Teller heben und vor dem Servieren mit der restlichen Kräutermischung überziehen.

FÜR 1 PERSON

EGG-SETUP
Direktes Setup mit Edelstahlrost und Grillplatte aus Gusseisen.

ZIELTEMPERATUR
170–200 °C

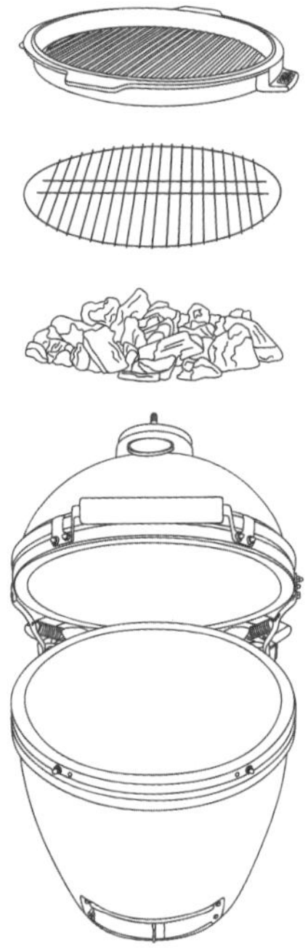

PINCHOS MORUNOS AUS OCHSENHERZEN

FÜR 2 PERSONEN

EGG-SETUP
Direktes Setup mit Edelstahlrost und Grillplatte aus Gusseisen.

ZIELTEMPERATUR
230–250 °C

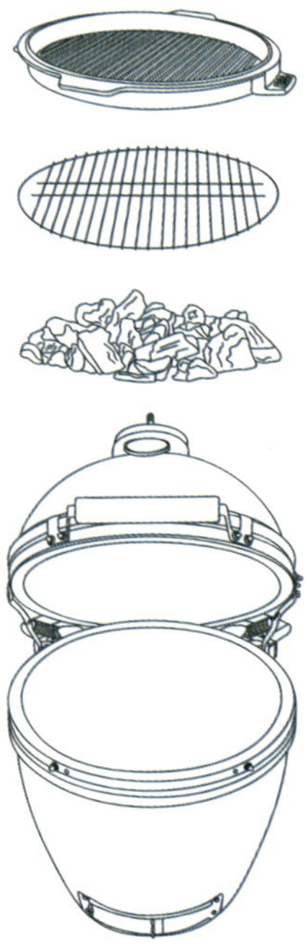

Dieses durch die maurische Küche inspirierte Gericht ist vor allem in Andalusien und in der Extremadura beliebt. Aber auch in Peru sind Ochsenherzspieße, »Anticuchos« genannt, sehr geschätzt. Wenn Sie bei Ochsenherz ein wenig die Nase rümpfen, fordere ich Sie ausdrücklich auf, die Spieße einfach mal zu probieren. Das Herz ist ein wunderbares Muskelfleisch, das wie Steaks gegart wird und nichts von dem Innereiengeschmack hat, den Sie von Leber oder Nieren kennen.

600–800 g Ochsenherz, in 3–4 cm große Würfel geschnitten

Salz und frisch gemahlener schwarzer Pfeffer

Für die Marinade

1 EL Olivenöl

1 TL scharfes oder mildes geräuchertes Paprikapulver

1 TL gemahlener Kreuzkümmel

1 TL getrockneter Oregano

½ TL gemahlene Fenchelsamen

1 Knoblauchzehe, zerdrückt

Für die Marinade alle Zutaten in einer Schüssel verrühren. Die Ochsenherzwürfel sorgfältig darin wenden und mindestens 1 Stunde und bis zu 24 Stunden (im Kühlschrank) marinieren, damit das Fleisch die Aromen umso besser aufnehmen kann. Vor der Zubereitung wieder Raumtemperatur annehmen lassen.

Die Ochsenherzwürfel auf Metallspieße stecken. Salzen und pfeffern.

Auf die vorgeheizte Platte legen und bei geschlossener Kuppel 2–3 Minuten von jeder Seite braten. Die Würfel sollten gerade durchgegart und innen noch schön saftig sein. Sie schmecken aber auch, wenn sie kürzer oder länger gegart werden.

Sofort mit Paratha (s. S. 173) oder Frühlingszwiebeln (s. S. 91) servieren.

SALZ-PFEFFER-GARNELEN

Bei diesem Gericht sollten Sie unbedingt eine Schale mit warmem Wasser und Zitronenscheiben neben jeden Teller stellen, um die Finger reinigen zu können. Wenn die Garnelen in der Schale gebraten werden, behalten sie mehr Geschmack und Aroma, denn viele Aromen stecken auch in den Garnelenköpfen. Außerdem ist das Fleisch besser vor Übergaren geschützt.

1 EL gemahlener Sichuanpfeffer (nach Belieben mehr oder weniger)

2 TL zerstoßene schwarze Pfefferkörner (nach Belieben mehr oder weniger)

2 TL getrocknete Chiliflocken (nach Belieben mehr oder weniger)

1 gute Prise Salz (grobes Salz oder Salzflocken)

1 kg Garnelen in der Schale, mit oder ohne Kopf

50 ml/3½ EL Pflanzenöl

3 Knoblauchzehen, in feine Scheiben geschnitten

4 Frühlingszwiebeln, in feine Ringe geschnitten

Sichuanpfeffer, schwarzen Pfeffer, Chiliflocken und Salz in einer Schale mischen – nach Belieben auch mit mehr oder weniger Pfeffer- bzw. Chilischärfe.

Die Garnelen in 2 TL Gewürzmischung wenden und nebeneinander auf eine große Platte legen, sodass sie sich nicht berühren (dies kann einige Zeit im Voraus erfolgen).

Das Öl in einer Pfanne auf dem Herd so heiß werden lassen, dass sich um ein kleines Stück Knoblauch sofort Bläschen bilden und der Knoblauch innerhalb von etwa 30 Sekunden goldbraun wird. Die Knoblauchscheiben darin etwa 30 Sekunden goldbraun braten. Beiseitestellen.

Die Garnelen auf die vorgeheizte Platte geben und bei geschlossener Kuppel 1–2 Minuten braten, bis sie goldbraun, knusprig und gerade durchgegart sind. Auf eine Platte legen, mit weiterer Gewürzmischung und den Frühlingszwiebeln bestreuen und mit Knoblauchöl beträufeln. Mit Fingerschalen und Servietten servieren.

FÜR 4 PERSONEN

EGG-SETUP
Direktes Setup mit Edelstahlrost und Grillplatte aus Gusseisen.

ZIELTEMPERATUR
250–300 °C

DIRTY UND NACHGLÜHER

Direkt auf der Glut oder über der Resthitze des EGG gegarte Gerichte sind für mich tolle Möglichkeiten, die Glut eines einmal angeheizten EGG optimal auszunutzen. »Dirty-Cooking« ist ein BBQ-Begriff mit dem diese Steinzeit-artige Technik bezeichnet wird, bei der das Gargut direkt auf die Glut gelegt wird, wodurch es ein intensives, recht rustikales rauchiges Aroma erhält. Diese Technik sollte man jedoch sorgfältig angehen. Fangen Sie erst dann an, »dirty« zu garen, wenn Sie mit Ihrem EGG routiniert sind.

»Nachglüher« sind Gerichte, die ins EGG kommen, nachdem Sie Ihr Hauptgericht schon aufgetragen haben und die in der Resthitze im EGG langsam garen. Selten lasse ich mein EGG abkühlen, ohne dass ich noch etwas hineinlege.

STEAK AUF KOHLEN

FÜR 1 PERSON

EGG-SETUP
Direktes Setup ohne weiteres Zubehör.

ZIELTEMPERATUR
250–300 °C

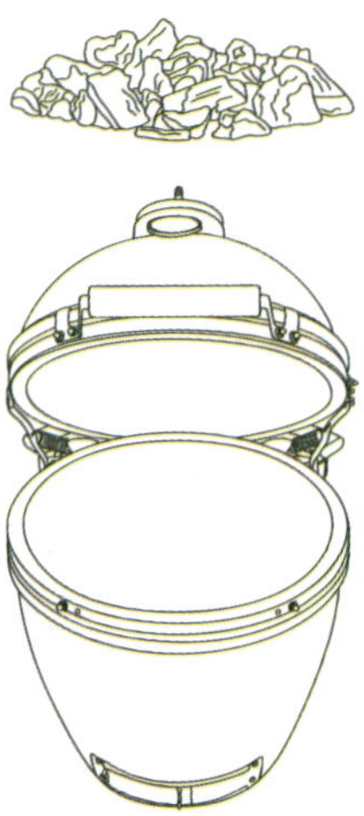

Da das Steakfett direkt auf die Glut trifft, entsteht relativ viel Rauch, was nicht weiter stört. »Dirty Cooking« funktioniert mit jedem Steak – vorausgesetzt es ist dick geschnitten.

1 Steak (4 cm dick), vor dem Anzünden des EGG aus dem Kühlschrank genommen

Olivenöl

Meersalzflocken und grob gemahlener schwarzer Pfeffer

Die Glut, auf die das Steak gelegt wird, sollte sehr heiß und weiß glühend sein.

Das Steak großzügig salzen und mit etwas Öl einreiben. Direkt auf die Glut legen und bei geschlossener Kuppel (da viel Rauch entsteht) 3 Minuten grillen, wenden und 3 Minuten weitergrillen.

Das Steak herausnehmen und die Asche abwischen. Pfeffer grob darübermahlen. Vor dem Servieren mindestens 5 Minuten ruhen lassen. Nach Belieben eine Scheibe Sardellenbutter (s. S. 191) darauf zerlassen.

SPITZKOHL

mit pikantem Buttermilch-Ancho-Dressing

FÜR 4 PERSONEN ALS BEILAGE

EGG-SETUP
Direktes Setup ohne weiteres Zubehör.

ZIELTEMPERATUR
180–210 °C

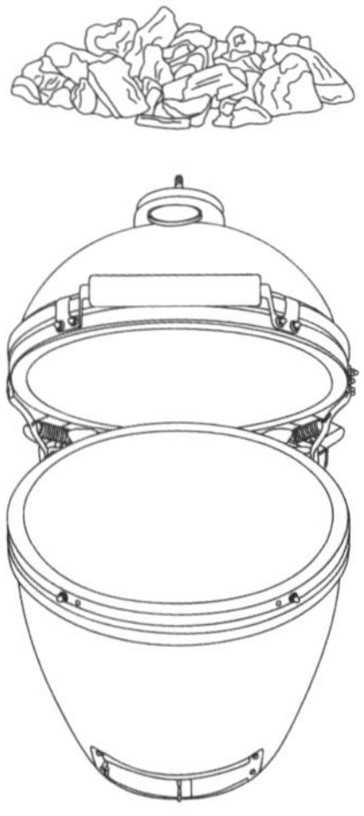

Wenn Sie sich schon die Mühe machen, dieses Dressing zuzubereiten, warum nicht gleich die doppelte Portion? Es hält sich sehr gut im Kühlschrank.

1 großer Spitzkohl, etwa 1 kg

200 ml Olivenöl, plus mehr zum Einreiben

1 große Schalotte mit Schale

4 Knoblauchzehen mit Schale

6 Ancho- oder Pasilla-Chilischoten, entkernt

75 ml/5 EL Rotweinessig

2 Jalapeño-Chilischoten, längs halbiert

150 ml Buttermilch

1 kleines Bund Koriandergrün, grob gehackt

1 TL gemahlener Kreuzkümmel

Saft von 1 Limette

Salz und frisch gemahlener schwarzer Pfeffer

Kürbiskerne, zum Servieren

Den Kohl rundum leicht mit Olivenöl einpinseln und großzügig salzen. Mit der Grillzange eine Vertiefung in die Mitte der Glut machen. Den Kohl vorsichtig hineinlegen und vollständig unter der Glut begraben. Nach Belieben können Sie nun ein weiteres Gericht auf dem Rost zubereiten. Bei geschlossener Kuppel die Temperatur auf etwa 200 °C halten.

Nach 10 Minuten sollte der Kohl außen vollständig geschwärzt und in der Mitte weich sein. Zur Probe ein scharfes Messer oder einen Metallspieß hineinstechen. Andernfalls den Kohl 5 Minuten weitergaren. Wenn der Kohl im Voraus zubereitet wird, fest in Alufolie einschlagen, sobald er gar ist.

Für das Dressing Schalotte, 3 Knoblauchzehen und Ancho- oder Pasilla-Chilischoten 5 Minuten auf die Glut legen, bis sie duften. Dann Schalotte und Knoblauchzehen abziehen und mit der Pulsefunktion im Mixer zerkleinern. Olivenöl und Essig einarbeiten. Mit Salz abschmecken und beiseitestellen.

Die Jalapeños mit der Schnittseite nach oben 5 Minuten auf die Glut legen. Die geschwärzte Haut abkratzen. Die Chilihälften entkernen und grob hacken. Die Jalapeños mit Buttermilch, der Hälfte des Korianders, der vierten, abgezogenen Knoblauchzehe, Kreuzkümmel und Limettensaft pürieren. Mit Salz und Pfeffer abschmecken.

Den Kohl längs vierteln und den Strunk herausschneiden. Das Buttermilchdressing auf eine Servierplatte löffeln. Die Kohlspalten darauf anrichten und leicht salzen. Mit dem Ancho-Dressing überziehen. Mit Kürbiskernen und dem restlichen Koriandergrün bestreuen und sofort servieren.

BRATWURST

mit Schalotten, Rotwein, Knoblauch & Thymian

Dieses Rezept können Sie auch variieren und zum Beispiel mit Chorizo und Rotwein oder auch Apfelwein zubereiten.

8 große Bratwürste

250 ml leichter Rotwein mit feiner Säure, wie Pinot Noir, Dolcetto oder Gamay

2 große Schalotten, in feine Scheiben geschnitten

3 Knoblauchzehen, in feine Scheiben geschnitten

1 Zweig Thymian

Salz und frisch gemahlener schwarzer Pfeffer

Die Bratwürste mehrmals mit einer Gabel einstechen und je vier Würste auf drei Lagen Alufolie legen, die groß genug sind, um die Würste dicht darin einzuschließen.

Wein, Schalotten, Knoblauch und abgezupfte Thymianblätter darauf verteilen. Salzen und pfeffern. Die Würste dicht in die Alufolie einschlagen.

Mit der Grillzange eine Vertiefung in die Mitte der Glut machen. Die Pakete hineinlegen und vollständig unter der Glut begraben. Bei geschlossener Kuppel 25–30 Minuten garen. Die Pakete aus der Glut nehmen und vorsichtig öffnen. Dabei darauf achten, dass die Flüssigkeit nicht ausläuft.

Die Bratwürste auf einem Brett in Stücke schneiden. Auf vorgewärmten Tellern anrichten und mit dem Bratensaft beträufeln. Mit Ofenkartoffeln (s. S. 146) servieren.

FÜR 4 PERSONEN

EGG-SETUP
Direktes Setup ohne weiteres Zubehör (eignet sich auch als Nachglüher nach jedem Setup).

ZIELTEMPERATUR
150–300 °C

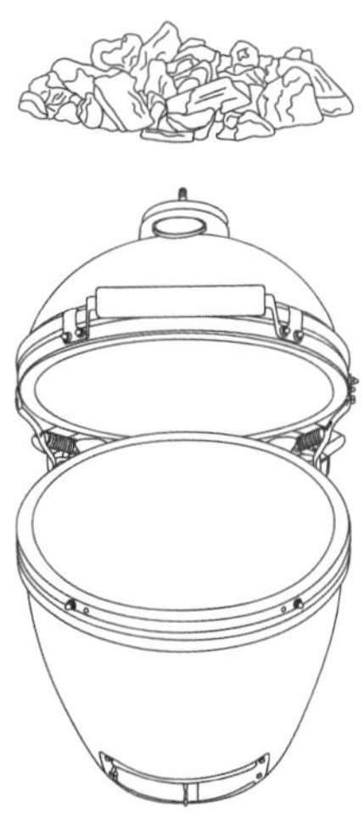

ESCALIVADA

FÜR 4 PERSONEN
ALS BEILAGE
oder als Hauptgericht mit Knoblauchbrot oder Eiern

EGG-SETUP
Direktes Setup ohne weiteres Zubehör.

ZIELTEMPERATUR
180–210 °C

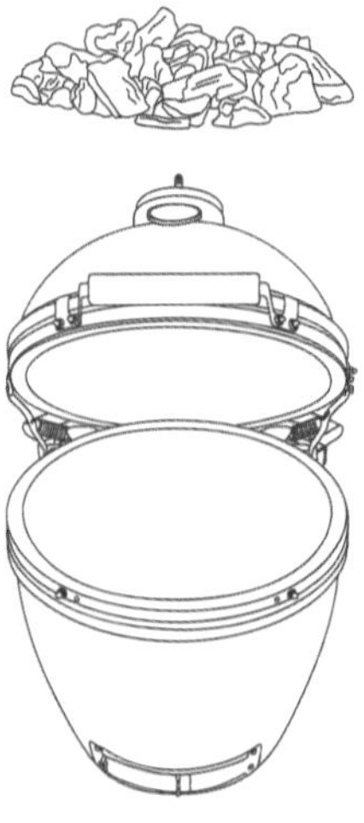

Der Name dieses traditionellen katalanischen Gerichts aus rauchigem Grillgemüse leitet sich ab vom katalanischen Verb »escalivar« ab, was so viel bedeutet wie »in Asche garen«, und beschreibt eine traditionelle Gartechnik in der glimmenden Asche eines Holzfeuers. Die dabei entstehenden Raucharomen sind wesentlich für den Charakter des Gerichts. Die Zubereitung funktioniert auch im EGG.

3 rote Paprikaschoten

2 Auberginen

5 große, vollreife Tomaten

3 EL natives Olivenöl extra, plus mehr zum Servieren

3 Knoblauchzehen, sehr fein gehackt

Rotwein- oder Sherryessig

Salz und frisch gemahlener schwarzer Pfeffer

1 kleines Glas Sardellenfilets, zum Servieren (nach Belieben)

Paprika, Auberginen und Tomaten in die Glut setzen und bei geschlossener Kuppel unter gelegentlichem Wenden garen, bis die Schalen geschwärzt sind und das Gemüse weich ist. Die Auberginen brauchen etwas länger und sollten zusammengefallen sein.

Das Gemüse aus der Glut nehmen und etwas abkühlen lassen. So heiß wie möglich häuten. Bei den Paprikaschoten das Kerngehäuse herauslösen. Das Gemüse grob hacken und mit Olivenöl und Knoblauch vermengen. Mit Salz, Pfeffer und Essig abschmecken. Auf Raumtemperatur abkühlen lassen. Vor dem Servieren mit weiterem Olivenöl beträufeln und die Sardellenfilets, falls verwendet, darauf anrichten.

LAUCH
mit Vinaigrette

Gegrillter Lauch mit cremiger Vinaigrette war ein Stammgericht im »Great Queen Street«, wo ich vor gefühlten hundert Jahren als Koch gearbeitet habe. Damals haben wir den Lauch allerdings im Ofen zubereitet, weshalb ihm die tollen Raucharomen fehlten, die hier das gewisse Etwas ausmachen. Das Gericht ist ein schönes Mittagessen oder eine Beilage zu Fisch- und Geflügelgerichten, wie dem Steinbutt (s. S. 78) oder den Hähnchenfilets (s. S. 62).

10 Lauchstangen

2 Eier, hart gekocht und geraspelt

1 EL Kapern

1 kleines Bund glatte Petersilie, Dill oder Estragon, Blätter fein gehackt

Salz und frisch gemahlener schwarzer Pfeffer

Für die Vinaigrette

2 TL Dijonsenf

2 EL Crème fraîche

1 EL Weißwein- oder Apfelessig

5 EL natives Olivenöl extra

Den Lauch putzen, waschen und trocknen. Die Stangen direkt auf die Glut legen und bei geschlossener Kuppel 20–30 Minuten garen, bis sie außen geschwärzt und innen weich sind. Aus dem EGG nehmen und etwas abkühlen lassen.

Inzwischen für die Vinaigrette Senf, Crème fraîche und Essig in einer Schale verrühren. Salzen und pfeffern. Das Öl unter ständigem Rühren in einem dünnen Strahl zugießen, bis die Vinaigrette emulgiert.

Die Wurzelenden von den Lauchstangen abtrennen, dann die verkohlten Blätter abziehen. Den weichen Innenteil grob hacken und auf vorgewärmten Tellern anrichten. Salzen und pfeffern.

Die Hälfte der Vinaigrette darüberträufeln. Mit geraspelten Eiern, Kapern und Kräutern bestreuen und mit der restlichen Vinaigrette überziehen.

FÜR 4–6 PERSONEN ALS BEILAGE

EGG-SETUP
Direktes Setup ohne weiteres Zubehör (kann auch auf dem Rost zubereitet werden).

ZIELTEMPERATUR
180–210 °C

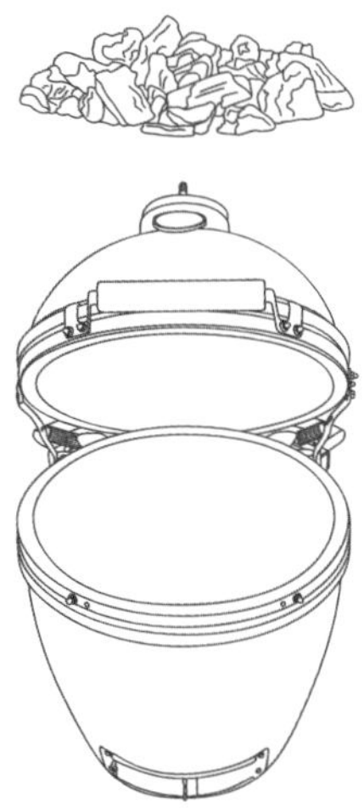

GEFÜLLTE ZWIEBELN

FÜR 8 PERSONEN

EGG-SETUP
Direktes Setup ohne weiteres Zubehör oder indirektes Setup; ConvEGGtor mit Beinen nach oben und Edelstahlgrill.

ZIELTEMPERATUR
180–210 °C

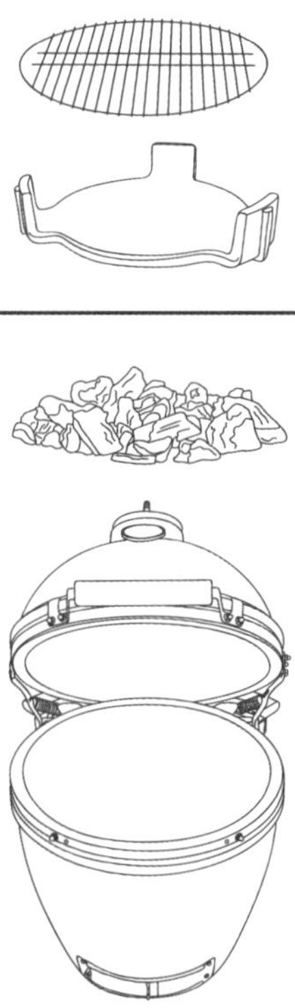

Dieses Gericht schmeckt am allerbesten, wenn Sie die Zwiebeln und den Knoblauch nach einem Low-and-Slow-Gericht in die nicht ganz so heiße Glut geben, die Zwiebeln füllen, über Nacht ziehen lassen und erst am nächsten Tag zu Ende garen. Sie können sie aber auch in einem Zug zubereiten.

8 mittelgroße Zwiebeln, Wurzelansatz abgetrennt, oben 1 cm abgeschnitten

3 Knoblauchknollen

3 Scheiben Sauerteigbrot oder Ciabatta

1 kleines Bund glatte Petersilie, Blätter fein gehackt

30 ml/2 EL Olivenöl

2 Chorizo- oder Morcilla-Würste, klein gewürfelt

Salz und frisch gemahlener schwarzer Pfeffer

Zwiebeln und Knoblauch in die Glut (oder auf den Rost) setzen und bei geschlossener Kuppel 30 Minuten weich garen.

Inzwischen die Brotscheiben 3 Minuten pro Seite rösten (wenn der Rost eingesetzt ist) oder toasten. In kleine Stücke zupfen.

Die weichen Knoblauchzehen aus den Schalen drücken. Mit einer Gabel zerdrücken und in einer Schüssel mit dem Brot mischen. Die Zwiebeln vorsichtig aushöhlen, sodass nur noch drei bis vier Zwiebelschichten stehen bleiben.

Das ausgelöste Zwiebelfleisch fein hacken und zusammen mit Petersilie, Olivenöl, Chorizo oder Morcilla unter die Knoblauch-Brot-Mischung mengen. Salzen und pfeffern.

Die Zwiebeln mit der Brotmischung füllen. (Die Zwiebeln können jetzt über Nacht in den Kühlschrank gestellt werden.) Die gefüllten Zwiebeln wieder ins EGG geben: entweder direkt auf die Glut oder auf den Rost setzen und bei geschlossener Kuppel 15–20 Minuten bei 160–200 °C garen, bis die Füllung heiß ist.

AUBERGINEN MIT MISO-SESAM-DIP

Dieses Rezept ist eine Variante des japanischen Gerichts Nasu dengaku. Wie bei seinem türkischen Verwandten, Imam bayıldı, werden die Auberginen normalerweise gegrillt, das Fruchtfleisch herausgeschabt, gewürzt und wieder in die Schalen gesetzt. Wenn sie auf dem Rost im EGG gegart werden, erhalten sie zusätzlich ein tolles Raucharoma.

4 große Auberginen (650 g insgesamt)

3 EL Mirin

3 EL Sake oder süßer Sherry

3 EL helle Misopaste

2 EL Reisweinessig

1–1½ TL Zucker

1 TL geriebener Ingwer

1 Knoblauchzehe, sehr fein gehackt oder zerdrückt

½ Bund Frühlingszwiebeln, in feine Ringe geschnitten

2 TL gerösteter schwarzer Sesam (oder Shichimi togarashi)

Salz und frisch gemahlener schwarzer Pfeffer

Die Auberginen auf den Rost oder ein anderes Setup legen und bei geschlossener Kuppel garen, bis sie vollständig geschwärzt und zusammengefallen sind. Aus dem EGG nehmen und abkühlen lassen.

Die Auberginen längs halbieren und das Fruchtfleisch in langen Fasern herauslösen (es spielt keine Rolle, wenn das eine oder andere Stück Schale daran haften bleibt) und grob hacken. Die Schalen entsorgen.

Mirin, Sake und Miso in einer Servierschüssel glatt verrühren. Auberginenfruchtfleisch, Essig, Zucker, Ingwer und Knoblauch unterrühren. Bei Bedarf mit weiterem Essig und Zucker abschmecken, bis die Aromen ausgewogen sind.

Vor dem Servieren mit Frühlingszwiebeln und Sesam bestreuen.

FÜR 4 PERSONEN

EGG-SETUP

Direktes Setup mit Edelstahlrost (eignet sich auch als Nachglüher nach jedem Setup).

ZIELTEMPERATUR

150–300 °C

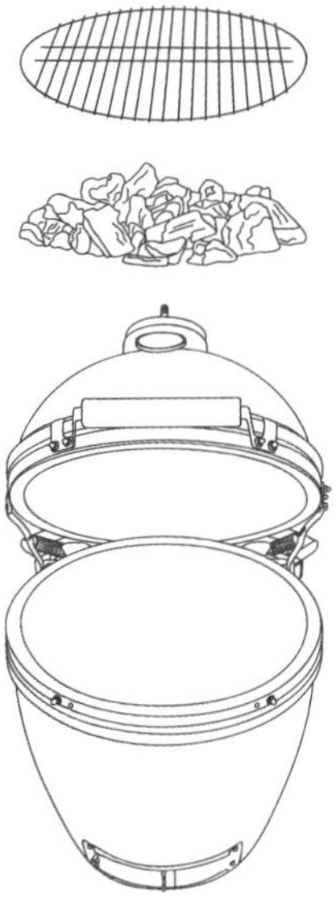

FÜR 4 PERSONEN

EGG-SETUP
Direktes Setup ohne weiteres Zubehör oder mit Edelstahlrost.

ZIELTEMPERATUR
200–250 °C

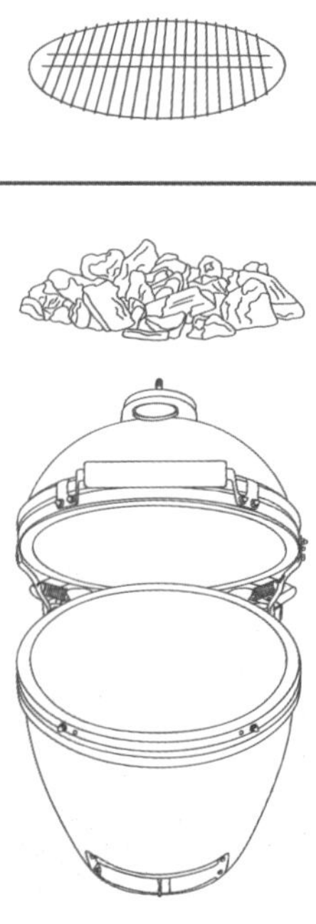

JAKOBSMUSCHELN IN DER SCHALE

mit Haselnuss-Kräuter-Butter

Das ist vielleicht mein liebstes Nachglüher-Rezept! Die Muscheln sind eine super Vorspeise, die zum Beispiel zubereitet werden kann, nachdem der Hauptgang fertig gegart ist und ruht. In jedem Fall sollten Sie alles fertig vorbereitet im Kühlschrank haben. Achtung: Jakobsmuscheln sind ruckzuck fertig und schnell übergart. Seien Sie auch vorsichtig, wenn Sie die Muscheln aus dem Grill nehmen, damit die Butter nicht auf die Glut tropft und zu Stichflammen führt.

Simon Stullard, der das »Hidden Hut« in Cornwall betreibt, macht aus den Muscheln eine echte Show und spritzt vor dem Servieren noch wie ein Formel-1-Champion Champagner darüber. Das macht ordentlich was her!

1 kleines Bund Kräuter, wie glatte Petersilie, Estragon, Schnittlauch oder Thymian, fein gehackt

30 g Haselnusskerne, geröstet, gehäutet und grob gehackt

60 g weiche Butter

fein abgeriebene Schale und Saft von 1 Bio-Zitrone

12 Jakobsmuscheln in der Schale

1 EL Kapern, grob gehackt

1 kleine Schalotte, sehr fein gehackt

Salz und frisch gemahlener schwarzer Pfeffer

knuspriges Brot, zum Servieren

Kräuter, Haselnüsse und Butter in eine Schale geben und mit 1 TL Zitronenschale und einem Spritzer Zitronensaft verrühren. Salzen und pfeffern.

Wenn die Jakobsmuscheln noch nicht küchenfertig vorbereitet sind, die Schalen vorsichtig mit einem kleinen Messer öffnen und aufklappen. Das weiße Muschelfleisch mit dem Messer ablösen. Schließmuskel, Bart und den schwarzen Bauchsack entsorgen. Die Jakobsmuscheln und je eine Schalenhälfte abspülen und trocken tupfen. Das Muschelfleisch mit je 1 EL Nussbutter in die Schalenhälften geben. Kapern und Schalotten darauf verteilen.

Die Schalen auf den Rost oder direkt auf die Glut setzen und bei geschlossener Kuppel 3–5 Minuten garen, bis die Butter kocht und die Jakobsmuscheln leicht gegart sind.

Mit einem extra Spritzer Zitronensaft und Brot zum Dippen servieren.

TOMATEN-TRIO-SALAT:
geröstet, roh & Dressing

Dieser Salat eignet sich hervorragend als leichtes Mittagessen oder als Beilage für ein Fisch- oder Hähnchengericht. Zur Abwechslung können Sie zusätzlich etwas Käse darübergeben. Der geräucherte Ricotta von S. 99 wäre perfekt, aber auch Feta schmeckt gut.

600 g vollreife Tomaten

3 EL Olivenöl

1 kleine Knoblauchzehe, fein gehackt

2 EL Rotwein- oder Chardonnay-Essig

2 Zweige Oregano oder Basilikum, Blätter fein gehackt

400 g Cocktailtomaten (besonders schön ist eine bunte Mischung)

Meersalzflocken und frisch gemahlener schwarzer Pfeffer

Die Tomaten (nicht die Cocktailtomaten) halbieren und großzügig salzen.

Wenn der Hauptgang im EGG fertig gegart ist, die halbierten Tomaten mit der Schnittseite nach oben auf den Rost legen. Die Kuppel und beide Zuluftventile schließen, damit der Glut der Sauerstoff entzogen wird. Die Tomaten darin 8 Stunden oder bis zum nächsten Morgen langsam garen.

Etwa 30 Minuten vor dem Servieren 100 g gegarte Tomaten grob hacken und mit Olivenöl, Knoblauch und Essig pürieren. Mit Salz und Pfeffer abschmecken. Oregano oder Basilikum unterziehen.

Die Cocktailtomaten halbieren und mit den gegarten Tomatenhälften auf einem großen Teller anrichten. Mit dem Dressing überziehen und servieren.

FÜR 4 PERSONEN

EGG-SETUP
Direktes Setup mit Edelstahlrost.

ZIELTEMPERATUR
200–220 °C

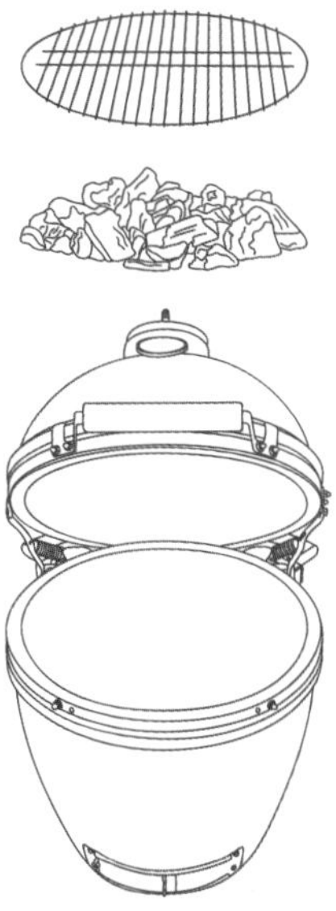

LOW AND SLOW

Bei dieser Methode, bei der das Gargut bei niedrigen Temperaturen langsam gart, zeigt das EGG sein ganzes Können. Das Wichtigste dabei ist, in erster Linie auf die Temperatur und nicht auf die Zeit zu achten. Die Zeitangaben in diesem Kapitel sind lediglich grobe Richtwerte. Einhalten sollten Sie hingegen die angegebenen Kerntemperaturen. Nach meiner Erfahrung mit dieser Garmethode bereitet das »Slow« mehr Schwierigkeiten als das »Low«. Die niedrigen Temperaturen sind leicht zu kontrollieren, und je häufiger Sie mit dem EGG kochen, umso einfacher ist es. Alles aber so zu timen, dass die Gäste nicht bis Mitternacht mit knurrendem Magen herumsitzen und aufs Essen warten müssen, kann eine kleine Herausforderung sein. Bemessen Sie die Zeit also recht großzügig. Das Fleisch kann immer noch ruhen, während Sie alle an den Tisch rufen.

Big Green Egg

GANZES ZICKLEIN

In dem fantastischen Kochbuch *Das Leben, ein Fest* von Anissa Helou ist ein wunderbares Rezept für ein ganzes gebratenes Zicklein namens Madfun zu finden, das dank der hocharomatischen Marinade sehr köstlich ist. Mein Rezept ist etwas einfacher, und falls Sie das erste Mal ein ganzes Tier zubereiten, schlage ich vor, es ebenfalls etwas einfacher zu halten. Aromen und Textur des Fleisches sind nach dem langsamen Garen einfach überirdisch (im EGG schmort und räuchert das Fleisch langsam vor sich hin, bis es vom Knochen fällt). Beim nächsten Mal können Sie dann mit Ihren eigenen Aromen spielen. Dieses Rezept eignet sich – wie übrigens auch das Brisket – für eine größere Personenzahl. Sie brauchen ein kleines, etwa drei Monate altes Zicklein dafür.

Dieses Gericht dürfte allen, die schon mal Zicklein in Griechenland, Südspanien oder Italien gegessen haben, bekannt vorkommen. Bringen Sie es mit einer Auswahl an Saucen und Beilagen auf den Tisch, wie Maistortillas (s. S. 179), gegrilltem Mais (s. S. 148), Chimichurri (s. S. 190) und Salsa aus Röstgemüse (s. S. 188) oder Mole (s. S. 162). Das sind nur Vorschläge; es gibt keinen Grund, nicht noch mehr bzw. andere Beilagen aufzutischen!

1 Zicklein (oder Lamm), etwa 10 kg, vor dem Anzünden des EGG aus dem Kühlschrank genommen

Salz und frisch gemahlener schwarzer Pfeffer

Das Zicklein gründlich mit Salz und Pfeffer einreiben.

Das Zicklein auf den Rost legen und bei geschlossener Kuppel 6–8 Stunden bis zu einer Kerntemperatur von 90 °C garen (an der dicksten Stelle der Keule messen).

Das Zicklein aus dem EGG nehmen, in Alufolie einschlagen oder damit abdecken und vor dem Servieren 30 Minuten ruhen lassen.

FÜR EINE GRUPPE

EGG-SETUP
Indirektes Setup; ConvEGGtor mit Beinen nach oben, Edelstahlrost und EGGspander, falls vorhanden.

ZIELTEMPERATUR
110–130 °C

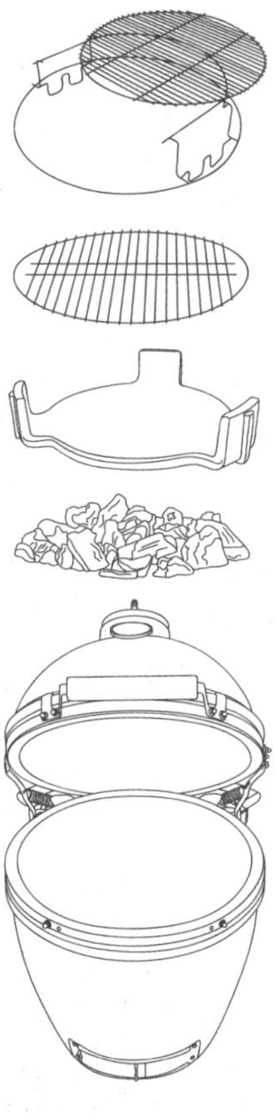

OCHSENBÄCKCHEN
mit weichen Maistortillas

Durch das gelatinereiche Bindegewebe erhalten die Bäckchen eine wunderbare Textur. Das erdige Aroma des Maismehls (Masa harina) ist eine ideale Ergänzung zum Fleisch. Wenn Sie möchten, können Sie Pekannuss-Räucherchips in die Glut geben.

1 TL gemahlener Kreuzkümmel

¼ TL gemahlener Piment

¼ TL gemahlener Zimt

1 Prise gemahlene Gewürznelken

1 EL gemahlene Ancho- oder Pasilla-Chilischoten (oder Paprikapulver edelsüß)

1 TL gemahlenes Chipotle-Chilipulver (oder geräuchertes scharfes Paprikapulver)

1 kg Ochsenbäckchen, jeweils in 4 Stücken

1 kleine Zwiebel mit Schale, Wurzelansatz abgetrennt

1 EL Schmalz oder Pflanzenöl

1 ganze Ancho-, Pasilla- oder Guajillo-Chilischote, entkernt

1 EL Kürbiskerne

4 Knoblauchzehen, in feinen Scheiben

Saft von 1 Orange

2 vollreife Tomaten, grob gehackt

1 TL Rot- oder Weißweinessig

1 TL Zucker oder Honig

2 Lorbeerblätter

Salz und frisch gemahlener schwarzer Pfeffer

Zum Servieren

Weiche Maistortillas (s. S. 179)

Eingelegte rote Zwiebeln (s. S. 182)

Salsa aus Röstgemüse (s. S. 188)

beliebige scharfe Sauce

Die gemahlenen Gewürze in einer Schale mischen. Die Hälfte davon mit 1 TL Salz vermengen. Die Fleischstücke sorgfältig damit einreiben und 1 Stunde oder über Nacht im Kühlschrank ziehen lassen. Vor dem Anzünden des EGG wieder Raumtemperatur annehmen lassen.

Die Fleischstücke mit der Zwiebel auf den Rost legen und bei geschlossener Kuppel 1–1½ Stunden garen, bis sie schön gebräunt sind und die Zwiebel weich ist.

Die übrigen Zutaten mit der restlichen Gewürzmischung in den Dutch Oven geben und 20 Minuten vor Ende der Garzeit der Bäckchen auf den Rost stellen. Die gegarte Zwiebel abziehen und zu einem groben Mus zerdrücken.

Die Bäckchen mit dem Zwiebelmus und so viel Wasser in den Topf geben, dass sie fast bedeckt sind. Die Kuppel schließen und die Bäckchen etwa 1–1½ Stunden bis zu einer Kerntemperatur von 95 °C garen, bis sie zart sind und fast auseinanderfallen. Wenn die Flüssigkeit zu schnell verdampft, Wasser zugießen.

Den Dutch Oven aus dem EGG nehmen, Lorbeerblätter entfernen. Die Fleischstücke auf einen Teller heben. Den Topfinhalt zu einer glatten Sauce pürieren; bei Bedarf mit etwas Wasser verdünnen. Salzen und pfeffern.

Das Fleisch in die Sauce geben und bei aufgesetztem Deckel 20 Minuten ruhen lassen. Dann das Fleisch in große Stücke zupfen und mit der Sauce mischen. Während das Fleisch ruht, die Tortillas im EGG aufwärmen. Das Fleisch mit Sauce, Zwiebeln, Salsa und scharfer Sauce servieren.

FÜR 4–6 PERSONEN

EGG-SETUP
Indirektes Setup; ConvEGGtor mit Beinen nach oben, Edelstahlrost und Dutch Oven.

ZIELTEMPERATUR
120–140 °C

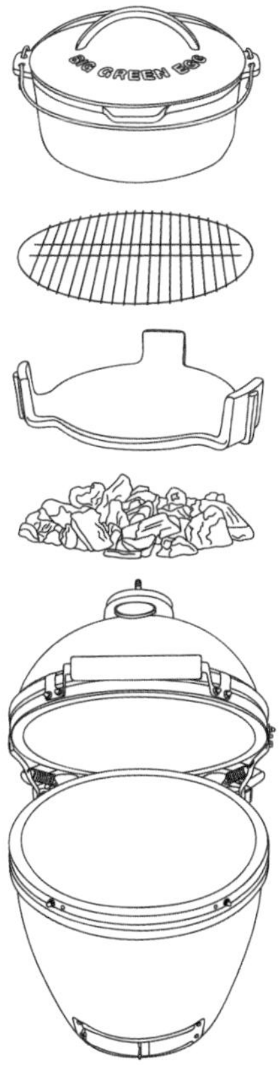

LACHSSEITE MIT KRÄUTERN

FÜR 4–6 PERSONEN

EGG-SETUP
Den Fisch vor dem Anzünden des EGG marinieren.

Indirektes Setup; ConvEGGtor mit Beinen nach oben und Edelstahlrost.

ZIELTEMPERATUR
90–110 °C

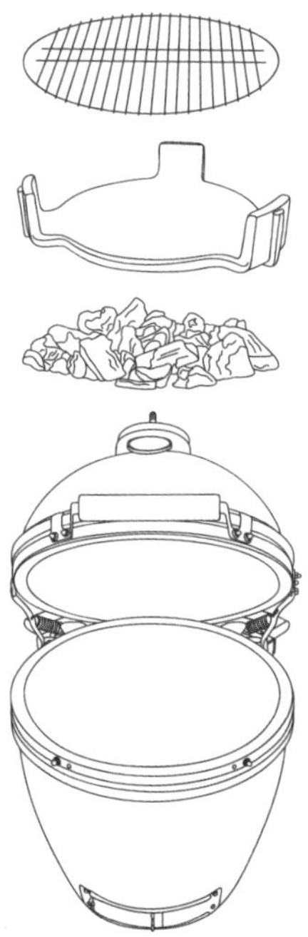

Wenn Ihr EGG groß genug ist, kann die Lachsseite als Ganzes gegart werden, wenn nicht, schneiden Sie sie einfach in zwei Hälften. Die dünneren Ränder garen etwas stärker durch als die Mitte, also verteilen Sie beim Servieren verschiedene Abschnitte. Dies ist ein wunderbares Sommergericht.

1 Lachsseite, Mittelstück, oder großes Meeresforellenfilet (600 g)

natives Olivenöl extra zum Bestreichen

Salz und frisch gemahlener schwarzer Pfeffer

2 große Schalotten, fein gehackt

fein abgeriebene Schale und Saft von 1 Bio-Zitrone

einige kleine Bund frische Kräuter (Estragon, Kerbel, Schnittlauch oder glatte Petersilie), Blätter und Stängel getrennt und grob gehackt

Die Lachsseite mit etwas Olivenöl bestreichen und auf ein Backblech legen. Großzügig salzen und pfeffern. Mit Schalotten, Zitronenschale und gehackten Kräuterstielen bestreuen.

Die Lachsseite auf dem Backblech auf den Rost setzen und bei geschlossener Kuppel 30–40 Minuten garen. Der Lachs ist gar, wenn sich das Fleisch fest anfühlt und eine weiße Flüssigkeit (Protein) austritt. Vor dem Servieren die Lachsseite 10 Minuten ruhen lassen. (In Alufolie eingeschlagen kann der Lachs bis zu 2 Stunden ruhen.)

Kräuter und Schalotten vorsichtig von der Lachsseite abstreifen. Den Lachs mit etwas Zitronensaft beträufeln. Den Fisch in große Stücke zerteilen und auf einem großen Servierteller anrichten. Mit den gehackten Kräuterblättern garnieren und mit einem Salat aus Rohkost und grünem Blattgemüse, Grillgemüse oder Roter Bete (s. S. 151) servieren. Die restliche Zitrone in Spalten geschnitten zum Beträufeln separat dazureichen.

GANZER SCHINKEN
mit würziger Portweinglasur

In vielen Familien wird bei festlichen Anlässen ein Schinkenbraten serviert, in Großbritannien gehört er zum traditionellen Weihnachtsessen. Aber warum sollte man sich diesen leckeren Braten nur in der Weihnachtszeit und nicht das ganze Jahr über gönnen? Auch bei diesem Rezept können Sie Räucherchips in die Glut geben. Doch durch die Garzeit von vier bis sechs Stunden erhält das Fleisch auch durch die Holzkohle genügend Raucharomen.

1 ungeräucherter Schinkenbraten, 4–5 kg, Schwarte rautenförmig eingeschnitten

Olivenöl

Für die Glasur

1 EL Currypulver

1 EL Lebkuchengewürz

2 EL mittelscharfer Senf

100 g brauner Zucker

3 EL Honig

250 ml Rotwein

50 ml/3½ EL Portwein

50 ml/3½ EL Weinbrand oder Portwein

Saft von 1 Orange

Für die Glasur alle Zutaten in einer Schüssel verrühren.

Den Schinken dünn mit Olivenöl bestreichen. Mit der Schwarte nach unten auf den Rost legen und bei geschlossener Kuppel 2 Stunden garen. Mit Glasur bestreichen und etwa weitere 1½ Stunden bis zu einer Kerntemperatur von 72 °C garen. Dabei alle 20 Minuten mit Glasur bestreichen.

Den Schinken aus dem EGG nehmen und vor dem Tranchieren mindestens 30 Minuten ruhen lassen. Die Gesamtgarzeit beträgt etwa 1 Stunde pro 1 kg Fleisch.

FÜR 12 PERSONEN
mit Rest

EGG-SETUP
Indirektes Setup; ConvEGGtor mit Beinen nach oben und Edelstahlrost.

ZIELTEMPERATUR
110–130 °C

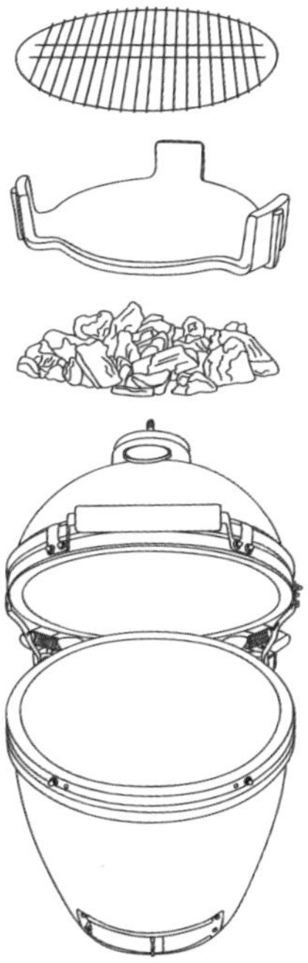

GANZER KÜRBIS

mit Kürbiskern-Chili-Füllung

FÜR 4–6 PERSONEN

EGG-SETUP
Indirektes Setup; ConvEGGtor mit Beinen nach oben und Edelstahlrost.

ZIELTEMPERATUR
170–200 °C

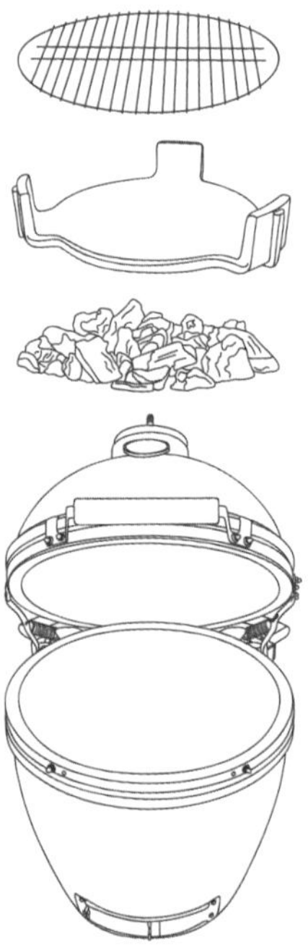

Als ich vor vielen Jahren im »Lansdowne Pub« im Londoner Stadtteil Primrose Hill kochte, habe ich über meinen Freund Gregg, der seit Jahren Bio-Kürbisse in Banbury in der Grafschaft Oxfordshire anbaut, viele Kürbissorten kennengelernt. Einmal half ich ihm auch bei der Ernte, und bettete die Kürbisse im Rumpf von Kanalbooten, die perfekte Kühlschränke waren, in Stroh ein. Auch wenn gut sortierte Supermärkte heute verschiedene Kürbissorten im Angebot haben, vermisse ich dennoch Greggs frühsonntägliche Lieferungen mit Kürbis, Brennholz und ein paar Tequila-Shots.

1 großer oder 2 mittelgroße/kleine Kürbisse (am besten Crown Prince, alternativ Delicata, Kabocha oder Uchiki Kuri)

5 EL Sonnenblumen- oder Olivenöl

1 TL gemahlener Kreuzkümmel

1 TL gemahlener Zimt

6 Guajillo-Chilischoten, entkernt

2 Ancho Chilischoten, entkernt

2 Pasilla-Chilischoten, entkernt

2 rote Zwiebeln, grob gehackt

4 Knoblauchzehen

1 TL getrockneter (mexikanischer) Oregano

3 Tomaten, gehackt

100 g Kürbiskerne

2 EL Sesam

Salz und frisch gemahlener schwarzer Pfeffer

Zum Servieren

Limettenspalten

saure Sahne

Vom Kürbis oben eine Kappe abschneiden. Die Kerne mit einem Löffel herauslösen. Den Kürbis innen salzen und pfeffern und dann mit 1 EL Öl und je ½ TL Kreuzkümmel und Zimt einreiben. Den Kürbisdeckel locker wieder aufsetzen. Den Kürbis auf den Rost setzen und bei geschlossener Kuppel 30 Minuten weich garen.

Inzwischen alle Chilischoten auf den Rost legen und 5 Minuten im EGG rösten, bis sie duften, dann 10 Minuten in 250 ml heißem Wasser einweichen.

2 EL Öl in einer Pfanne auf dem Herd erhitzen. Zwiebeln und Knoblauch darin 5 Minuten weich andünsten. Oregano, restlichen Kreuzkümmel und Zimt zufügen und 1 Minute garen, bis die Gewürze zu duften beginnen.

Die Zwiebelmischung mit den Tomaten, der Hälfte der Kürbiskerne und des Sesams und den abgetropften Chilischoten (Einweichwasser aufbewahren) grob pürieren. Salzen und pfeffern. Bei Bedarf etwas Einweichwasser einarbeiten. Das Püree in 1 EL Öl in einer kleinen Pfanne 5 Minuten eindicken lassen. Beiseitestellen.

Wenn der Kürbis fast gar ist, das Püree in den Kürbis geben. Ohne Kappe weitere 15–30 Minuten im geschlossenen EGG garen, bis der Kürbis schön weich ist.

Inzwischen restliche Kürbiskerne und Sesam im restlichen EL Öl anbraten, bis sie zu knacken und springen beginnen. Salzen und pfeffern. Auf einen Teller geben.

Den Kürbis mit den gerösteten Saaten garnieren und mit Limettenspalten und saurer Sahne servieren.

SCHWEINERIPPCHEN
mit Ancho-Zitrus-Marinade

Das einzige Problem bei diesem Rezept ist: Egal, wie viele Rippchen Sie zubereiten, es sind nie genug! Versuchen Sie auch nicht, die Rippchen fein säuberlich mit Messer und Gabel zu essen. Fettige Finger und verschmierte Münder gehören bei diesem Gericht dazu.

1,5–2,5 kg Schweinerippchen, pariert, vor dem Anzünden des EGG aus dem Kühlschrank genommen

Für den Rub

2 TL gemahlener Kreuzkümmel

2 TL Paprikapulver

½ TL gemahlener schwarzer Pfeffer

1 TL gemahlener Piment

2 TL Salz

Für die Ancho-Zitrus-Marinade

2 getrocknete Ancho-Chilischoten, entkernt

3 Tomaten, längs halbiert

1 kleine rote Zwiebel, geviertelt

3 Knoblauchzehen mit Schale

½ TL gemahlener Zimt

½ TL gemahlener Kreuzkümmel

2 EL Pflanzen- oder Olivenöl

Saft von ½ kleinen Orange

Saft von 1 kleinen Limette

Für den Rub alle Zutaten in einer Schale mischen. Die Rippchen sorgfältig damit einreiben.

Die Chilischoten in einer Pfanne auf dem Herd (oder auf dem Rost im EGG) bei mittlerer Hitze etwa 30 Sekunden trocken rösten, bis sie gebräunt sind und zu duften beginnen. In eine Schüssel geben, mit kochendem Wasser bedecken und 10 Minuten ziehen lassen.

Für die Marinade Tomaten, Zwiebel und Knoblauch in der Pfanne oder auf dem Rost im EGG 10 Minuten trocken rösten, bis sie leicht gebräunt sind. Die Knoblauchzehen abziehen. Die Tomaten häuten (ein paar geschwärzte Stellen können auch bleiben).

Die Chilischoten abtropfen lassen und mit Tomaten, Zwiebel, Knoblauch, Gewürzen und etwa ½ TL Salz zu einer glatten Paste mixen. Das Öl in einer Pfanne erhitzen und die Paste darin 10 Minuten eindicken lassen. Etwas abkühlen lassen, dann Orangen- und Limettensaft unterrühren. Die Marinade sollte eine dickflüssige Konsistenz haben. Die Rippen dünn mit 3 EL Marinade bestreichen.

Die Rippchen auf den Rost legen und bei geschlossener Kuppel 1½–2 Stunden garen (die Rippchen sind fertig, wenn kein Rub mehr abfällt und eine schöne Kruste entstanden ist). In die Pfanne legen und mit etwas Marinade bestreichen. Die restliche Marinade ringsum angießen. Die Pfanne mit einer doppelten Lage Alufolie abdecken und die Rippchen weitere 1–1½ Stunden bei geschlossener Kuppel bis zu einer Kerntemperatur von 93–95 °C garen. Die Rippchen 30 Minuten ruhen lassen, dann mit der Sauce servieren.

FÜR 4–6 PERSONEN

EGG-SETUP
Indirektes Setup; ConvEGGtor mit Beinen nach oben, Edelstahlrost und Grillpfanne.

ZIELTEMPERATUR
110–130 °C

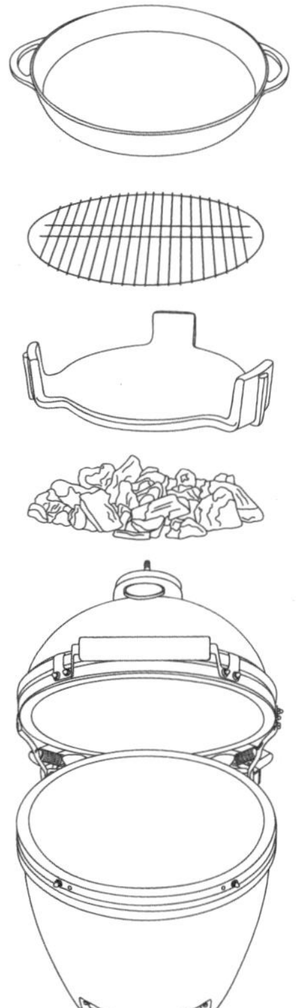

FÜR 1 PERSON

EGG-SETUP
Indirektes Setup; ConvEGGtor mit Beinen nach oben und Edelstahlrost.

ZIELTEMPERATUR
110–130 °C, dann 280–300 °C

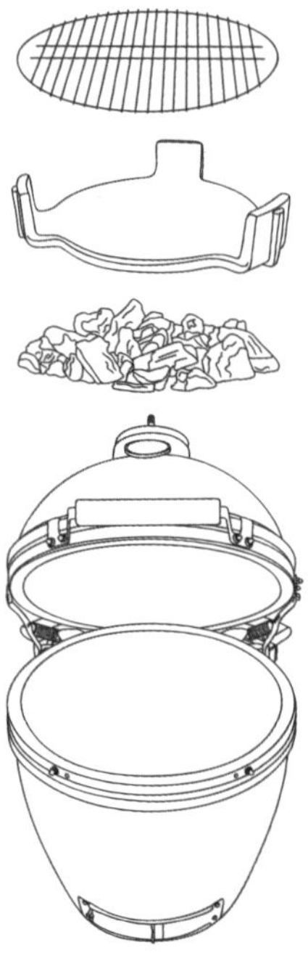

Rückwärts gebratenes PICANHA-STEAK

Rückwärts braten ist eine Technik, bei der sich der Gargrad des Fleisches besser kontrollieren lässt. Dafür wird das EGG auf niedrige Temperatur vorgeheizt, um das Steak langsam bis zur gewünschten Kerntemperatur zu garen. Anschließend wird die Hitze im EGG aufgedreht und das Fleisch darin kurz und scharf gebräunt. Die Technik funktioniert bei jedem Steak, vorausgesetzt es ist mindestens 5 cm dick. Picanha ist ein brasilianischer Schnitt aus dem Schwanzende der Rinderhüfte. Hierzulande würde es dem Tafelspitz mit Fettdeckel entsprechen.

1 Picanha-Steak (Schwanzstück), Silberhaut pariert (vor dem Anzünden des EGG aus dem Kühlschrank genommen)

Salz und frisch gemahlener schwarzer Pfeffer

Das Steak großzügig salzen und pfeffern. Mit der Fettseite nach oben auf den Rost legen und bei geschlossener Kuppel 35–60 Minuten bis zu einer Kerntemperatur von 48 °C (blutig/rare, siehe unten) garen.

Auf einen Teller heben und in Alufolie eingeschlagen an einem warmen Ort ruhen lassen, bis im EGG die Temperatur von 280 °C erreicht ist. Inzwischen können Sie alle Beilagen zubereiten.

Das Steak nun mit der Fettseite nach unten auf den Rost legen und bei geschlossener Kuppel 2 Minuten anbräunen, wenden und weitere 2 Minuten von allen Seiten garen, bis die gewünschte Bräunung erreicht ist. Das Steak 15–20 Minuten ruhen lassen. Zum Servieren in feine Scheiben schneiden.

GARSTUFEN NACH KERNTEMPERATUR

Garen Sie das Steak bis zu folgenden Kerntemperaturen und lassen Sie es dann ruhen:

Blutig/Rare: 50–55 °C
Rosa/Medium-rare: 55–58 °C
Medium: 58–63 °C
Medium-durchgebraten:63–68 °C
Durchgebraten/well done: 68 °C

LAMMRIPPCHEN

mit Tamarindenglasur

Ein weiteres Rezept, bei dem alle »Nager« voll auf ihre Kosten kommen. Garzeiten und Zubereitung sind sehr ähnlich wie bei den Schweinerippchen (s. S. 131), sodass Sie beide nebeneinander zubereiten können, um am Tisch interessante Vergleiche anzustellen.

2 Lammrippen am Stück, jeweils etwa 800 g (mag viel erscheinen, aber die Rippchen schrumpfen beim Garen)

2 EL Olivenöl

2 Knoblauchzehen, fein gehackt

1 TL geröstete, gemahlene Kreuzkümmelsamen

2 EL geröstete, gemahlene Koriandersamen

getrocknete Chiliflocken, nach Geschmack

1 TL Salz

Chilisauce, zum Servieren

Für die Tamarindenglasur

150 g Tamarindenpaste (in Blockform, nicht aus Glas/Tube)

75 g/6 EL brauner Zucker, plus mehr zum Abschmecken

1 TL getrocknete Chiliflocken, plus mehr zum Abschmecken

1 Knoblauchzehe, sehr fein gehackt

2 EL Fischsauce (oder Salz)

Salz

Die Rippen mit einem scharfen Messer parieren und Häute entfernen.

Öl, Knoblauch, Gewürze und Salz in einer Schale verrühren. Die Rippchen damit einreiben und abgedeckt mindestens 1 Stunde oder über Nacht im Kühlschrank ziehen lassen. Vor der Zubereitung wieder Raumtemperatur annehmen lassen.

In der Zwischenzeit für die Tamarindenglasur die Tamarindenpaste grob hacken und in eine hitzebeständige Schüssel geben. Mit 250 ml kochendem Wasser übergießen und etwa 30 Minuten quellen lassen, dabei die Tamarindenpaste immer wieder mit einer Gabel zerdrücken und Samen und Fasern entfernen. Die Paste durch ein Haarsieb in einen Topf streichen. Die restlichen Zutaten für die Glasur zufügen und alles sanft köcheln lassen, bis der Zucker sich aufgelöst hat. Bei Bedarf mit weiterem Zucker, Salz und/oder Chiliflocken abschmecken.

Die Rippchen auf den Rost legen und bei geschlossener Kuppel 3 Stunden garen. In der letzten Stunde mit 50 ml/3½ EL Tamarindenglasur bestreichen.

Die Rippchen auf eine Platte heben und 10 Minuten ruhen lassen. Inzwischen den ConvEGGtor aus dem EGG nehmen und die Temperatur auf 220–250 °C erhöhen. Die Lammrippen in einzelne Stücke schneiden und mit Glasur bestreichen. Auf den Rost legen und bei geschlossener Kuppel 2–5 Minuten von jeder Seite knusprig braun garen.

Mit der restlichen Tamarindenglasur, etwas Chilisauce und einem knackigen grünen Salat servieren.

FÜR 4–6 PERSONEN

EGG-SETUP
Indirektes Setup; ConvEGGtor mit Beinen nach oben und Edelstahlrost, dann für direktes Setup zum Finish ConvEGGtor herausnehmen.

ZIELTEMPERATUR
110–130 °C, dann 220–250 °C

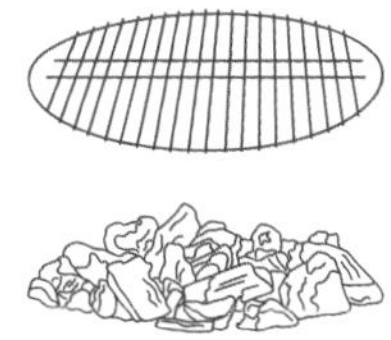

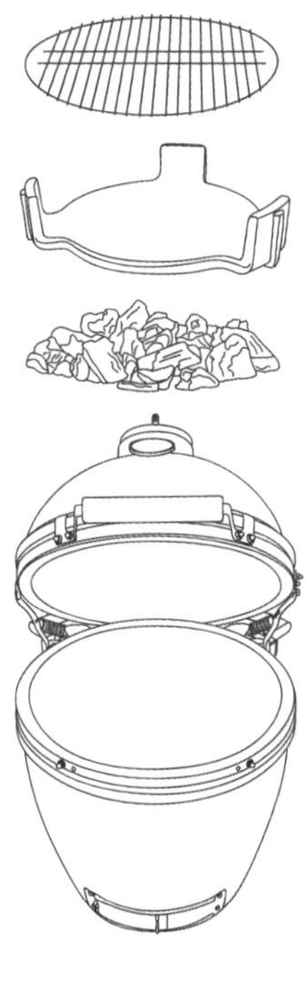

BRATEN

Für diese Gartechnik wird das EGG mit demselben Setup vorgeheizt wie bei den »Low and Slow«-Gerichten im vorherigen Kapitel, allerdings bei höheren Temperaturen. Auch hier stellt das EGG sein großes Potenzial unter Beweis. Ich bin mir sicher, dass es eine exakte wissenschaftliche Erklärung dafür gibt, weshalb das Gargut im EGG so wunderbar saftig bleibt. Das Einzige, das ich Ihnen sagen kann, ist, dass das EGG etwas Magisches hat, was verhindert, dass die Zubereitungen austrocknen.

BUTTERHÄHNCHEN

mit Piri-Piri

FÜR 4–6 PERSONEN

EGG-SETUP

Indirektes Setup; ConvEGGtor mit Beinen nach oben, Edelstahlrost und Grillpfanne.

ZIELTEMPERATUR

120–140 °C

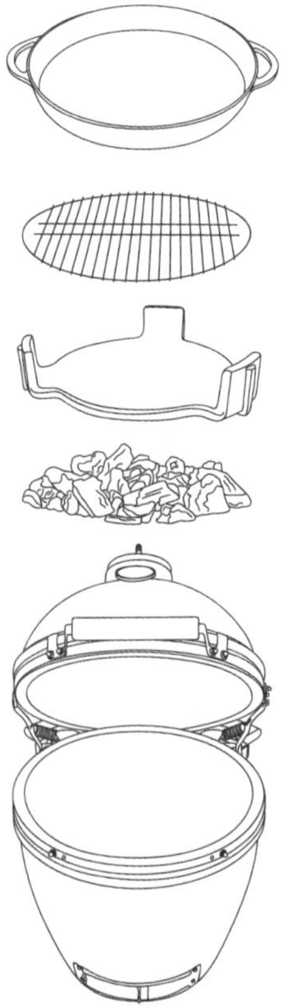

Über dieses Rezept gibt es nicht viel zu sagen, außer dass das Hähnchen in Butter gebraten wird. Es schmeckt absolut lecker. Machen Sie sich die Mühe, das Hähnchen vorher in Salzlake zu legen, damit es garantiert saftig bleibt. Servieren Sie es mit Maisbrot (s. S. 170) und Spitzkohl (s. S. 106).

- 10 Hähnchenoberkeulen mit Knochen und Haut
- 1 Portion Salzlake (s. S. 62) oder 50 g Salz aufgelöst in 500 ml Wasser
- 1 TL Chilipulver, nach Belieben mehr oder weniger
- 1 EL Paprikapulver
- 1 TL gemahlener Kreuzkümmel
- 250 g Butter, zerlassen
- 6 Knoblauchzehen, geschält und zerdrückt
- 2 Lorbeerblätter
- 2 EL Honig
- 2 EL Piri-Piri-Sauce oder BBQ-Sauce

Die Hähnchenkeulen 1–4 Stunden in der Salzlake ziehen lassen. Trocken tupfen.

Die Gewürze in einer Schale mischen und die Hähnchenkeulen damit einreiben. Mit zerlassener Butter, Knoblauch und Lorbeerblättern in die Pfanne geben (die Hähnchenkeulen sollten maximal zur Hälfte bedeckt sein). Die Pfanne auf den Rost stellen und die Hähnchenkeulen bei geschlossener Kuppel 1 Stunde braten.

Die Keulen aus der Pfanne nehmen und in Honig und Piri-Piri-Sauce wenden. Auf den Rost legen und bei geschlossener Kuppel weitere 20–45 Minuten braten, bis sie schön gebräunt sind und 75 °C Kerntemperatur haben. Zurück in die Pfanne geben und vor dem Servieren 10 Minuten ruhen lassen.

GEBRATENE REBHÜHNER

mit 'Nduja, Sultaninen & Marsala

FÜR 4 PERSONEN

EGG-SETUP
Indirektes Setup; ConvEGGtor mit Beinen nach oben und Edelstahlrost.

ZIELTEMPERATUR
200 °C

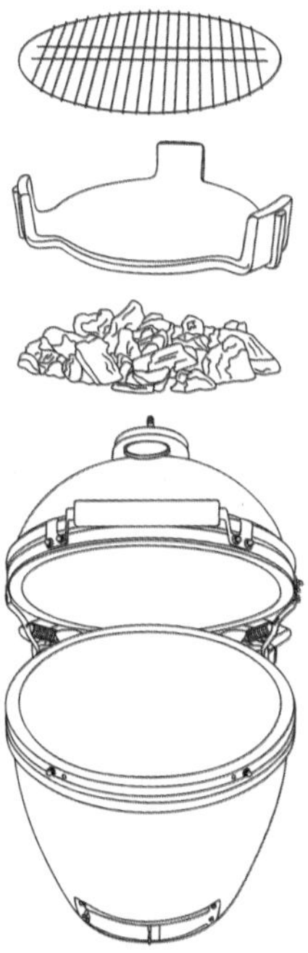

Bei diesem Rezept können Sie Ihre Fähigkeiten bei der Zubereitung von ganzem Geflügel testen und verbessern. Zum Messen der Kerntemperatur sollten Sie die Sonde in den dicksten Teil der Keule stechen. Bei diesem Rezept kann nur schieflaufen, dass die Rebhühner zu lange braten und trocken werden. Gehen Sie deshalb auf Nummer sicher und lassen Sie sie stattdessen lieber etwas länger ruhen.

40 g Sultaninen
4 Rebhühner
40 g 'Nduja oder pikante Chorizo, klein gewürfelt
40 ml/2½ EL Marsala oder Sherry
20 g Mandelblättchen
2 Knoblauchzehen, fein gehackt
4 Scheiben Bacon
Salz und frisch gemahlener schwarzer Pfeffer

Die Sultaninen in einer Schale mit heißem Wasser bedecken und 10 Minuten quellen lassen, dann das Wasser abgießen.

Die Rebhühner innen und außen salzen und pfeffern. Die 'Nduja mit abgetropften Sultaninen, Marsala oder Sherry, Mandeln und Knoblauch mischen. Salzen und pfeffern. Die Rebhühner damit füllen.

Die Baconscheiben unter einem Messerrücken durchziehen, um sie zu strecken, und so um die Rebhühner wickeln, dass vor allem die Brüste bedeckt sind.

Die Rebhühner mit der Brustseite nach oben auf den Rost legen und bei geschlossener Kuppel etwa 15 Minuten garen. Dann die Baconstreifen entfernen und beiseitelegen (sie können mit den Rebhühnern serviert werden). Die Rebhühner wenden und weitere 10–15 Minuten bis zu einer Kerntemperatur von 74 °C garen; der austretende Bratensaft sollte klar sein. Die Rebhühner 15 Minuten an einem warmen Ort ruhen lassen. Mit dem Bacon servieren.

DOPPELT GEGARTES LAMMKEBAB

mit Salat & Paratha

Dieses Gericht ist eine Variation von »Çağ«, eine Art türkischer Kebab, für den wie bei Döner oder Schawarma dünne Fleischscheiben auf einen Spieß gesteckt, dann aber auf einem horizontalen Drehspieß gebraten und anschließend in dünnen Streifen direkt vom Spieß geschnitten werden.

FÜR 6–8 PERSONEN

EGG-SETUP
Indirektes Setup; ConvEGGtor mit Beinen nach oben und Edelstahlrost, dann für direktes Setup zum Finish ConvEGGtor herausnehmen.

ZIELTEMPERATUR
130–150 °C, dann 200 °C

1 Lammschulter am Knochen, etwa 2,5 kg (Hammelfleisch oder Jungziege wären authentischer)

1 Zwiebel, sehr fein gehackt

150 g Joghurt

Öl, zum Grillen

2 grüne Paprikaschoten, halbiert

Salz und frisch gemahlener schwarzer Pfeffer

Zum Servieren

2 Zwiebeln, in feinen Streifen

1 Zitrone

2–3 Tomaten, in Scheiben

Parathas (s. S. 173)

Chilisauce

Salz

Die Lammschulter salzen und pfeffern. Mit Zwiebel und Joghurt einreiben und abgedeckt mindestens 4 Stunden oder idealerweise über Nacht bis zu 12 Stunden im Kühlschrank ziehen lassen. Vor der Zubereitung wieder Raumtemperatur annehmen lassen.

Den Rost leicht ölen. Die Lammschulter darauflegen und bei geschlossener Kuppel 3–4 Stunden bis zu einer Kerntemperatur von etwa 90 °C garen. Das Fleisch sollte zart sein und noch Textur haben. Wenn die Lammschulter nach etwa 1½ Stunden schon zu dunkel ist, in Alufolie einschlagen.

Inzwischen die Zwiebelstreifen mit einer guten Prise Salz verreiben und einige Minuten ziehen lassen. Mit kaltem Wasser abspülen, abtropfen lassen und mit dem Saft einer halben Zitrone beträufeln.

Die Lammschulter auf einen Teller heben und etwa 1 Stunde ruhen lassen. Die Hitze auf 200 °C erhöhen. Die Paprikahälften auf den Rost legen und bei geschlossener Kuppel 20–30 Minuten rösten und gegebenenfalls auch die Parathas zubereiten.

15 Minuten vor Ende der Fleischruhe den ConvEGGtor aus dem EGG nehmen und den Rost wieder einsetzen. Die Paprikahälften häuten, entkernen und in breite Streifen schneiden.

Das Fleisch in etwa 2 cm breite Streifen schneiden. Auf eine große Platte geben und bei Bedarf mit Salz und Pfeffer abschmecken.

Das Fleisch auf den Rost legen und bei geschlossener Kuppel etwa 2 Minuten von jeder Seite bräunen. Mit Tomaten, Zwiebel- und Paprikastreifen auf den Parathas anrichten und sofort servieren. Die zweite Zitronenhälfte in Spalten schneiden und mit der Chilisauce dazu reichen.

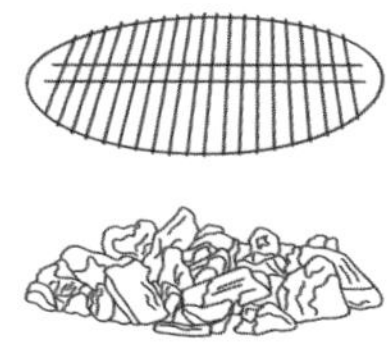

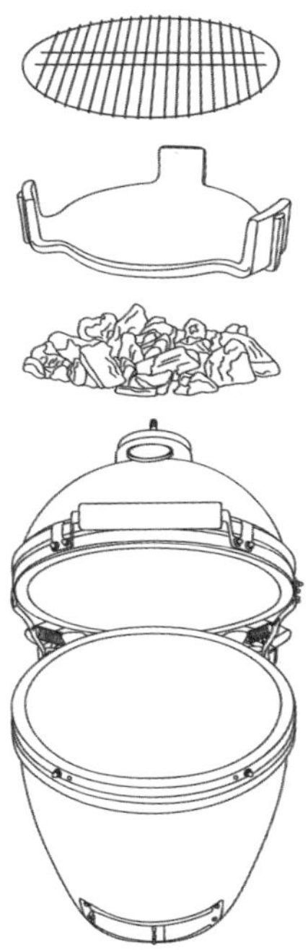

FISCH EN PAPILLOTE

mit provenzalischen Aromen

Ja, es ist ein bisschen Arbeit, diese Päckchen zu schnüren, aber der Aufwand lohnt sich, denn die Zutaten behalten ihre Aromen.

16 Garnelen, geschält und entdarmt (Köpfe und Schalen aufbewahrt)

100 g weiche Butter

800 g Fischfilet, in 4 Stücken, kleine Fische mit Haut

1 Fenchelknolle oder Lauchstange, geputzt, in feinen Scheiben bzw. Ringen

2 Knoblauchzehen, in sehr feinen Scheiben

12 Cocktailtomaten, fein gehackt

4 Lorbeerblätter

4 kleine Zweige Thymian

1 kleine rote Chilischote, entkernt und fein gehackt

4 Streifen Orangenschale

50 g Meerfenchel oder Blattspinat (nach Belieben)

Salz und frisch gemahlener schwarzer Pfeffer

Garnelenköpfe und -schalen in einer Pfanne auf den Rost setzen und bei geschlossener Kuppel etwa 20 Minuten rösten, bis sie knusprig und aromatisch sind. Die Butter unterrühren und 1 Minute zerlassen. Die Pfanne vom Rost nehmen und die Butter an einem warmen Ort 30 Minuten ziehen lassen. Dann durch ein Sieb in eine Schüssel passieren. Garnelenköpfe und -schalen entsorgen.

Je nach verfügbarer Arbeitsfläche die Päckchen gleichzeitig oder nacheinander vorbereiten: Vier große Bögen Alufolie oder Backpapier (etwa A3-Format) zurechtschneiden und je ein Fischstück darauflegen. Fenchel, Knoblauch, Tomaten, Lorbeer, Thymian, Chili und Orangenschale gleichmäßig darauf verteilen und je 4 Garnelen zufügen. Falls verwendet, Meerfenchel oder Spinat darauf verteilen. Mit der Butter übergießen. Salzen und pfeffern.

Alufolie oder Backpapier über den Zutaten doppelt falten. Die Seiten zweimal nach oben einschlagen und falten, sodass die Päckchen dicht sind. (Die Päckchen können nun einige Zeit im Kühlschrank aufbewahrt werden.)

Die Päckchen vorsichtig auf den Rost setzen und bei geschlossener Kuppel 12–15 Minuten garen, bis sie schön aufgebläht sind.

Auf Servierteller heben und am Tisch öffnen. Achtung, es tritt sehr heißer Dampf aus. Mit geröstetem Baguette oder Salzkartoffeln servieren.

FÜR 4 PERSONEN

EGG-SETUP

Indirektes Setup; ConvEGGtor mit Beinen nach oben und Edelstahlrost.

ZIELTEMPERATUR

140–170 °C

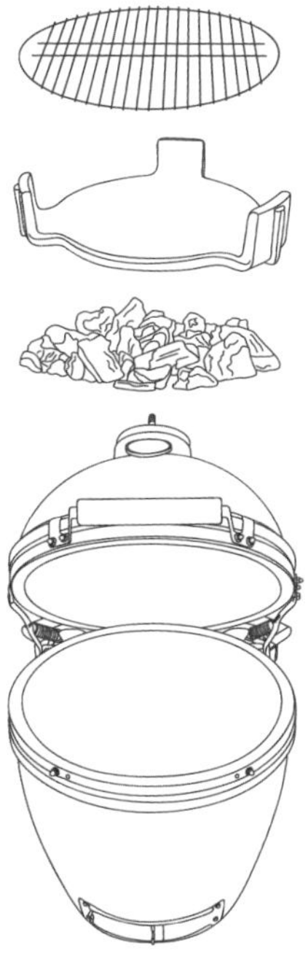

SCHAFKEULE

mit Hasselback-Kartoffeln

FÜR 8–10 PERSONEN

EGG-SETUP
Indirektes Setup; ConvEGGtor mit Beinen nach oben und Edelstahlrost.

ZIELTEMPERATUR
180–210 °C, dann 250–300 °C (optional)

Für dieses Gericht brauchen Sie eine Keule vom Jungschaf, das heißt von einem Tier, das ein bis zwei Jahre alt ist. Ich persönlich ziehe ein Jungschaf jederzeit einem Lamm vor. Mit zunehmendem Alter verliert das Fleisch junger Schafe an Fett und entwickelt im zweiten Lebensjahr ein deutliches Aroma.

Wenn Sie eine Sauce zu diesem Gericht machen möchten: die Kartoffeln aus der Pfanne nehmen, sobald sie knusprig sind, 300 ml Brühe in die Pfanne gießen, den Bodensatz lösen und auf die Hälfte einkochen lassen. Dann den Bratensaft von der Keule unterrühren.

1 Jungschafkeule, 2,5–3 kg

3–4 Knoblauchzehen, in Scheiben

50 g/3½ EL weiche Butter oder Olivenöl

1 kg festkochende Kartoffeln

300 g Perlzwiebeln oder kleine Schalotten (nach Belieben, aber sehr lecker)

1 großes Bund Rosmarin

400 ml Hühnerbrühe, Lammfond, Weißwein oder Wasser

Salz und frisch gemahlener schwarzer Pfeffer

Die Keule mit Salz und Pfeffer einreiben. Mit einem spitzen Messer in 5 cm großen Abständen kleine, tiefe Schlitze ins Fleisch schneiden und je eine Knoblauchscheibe hineinstecken. Mit Butter oder Olivenöl bestreichen.

Die Keule auf einem Gitter auf eine Bratform setzen, um den Bratensaft aufzufangen. Auf den Rost stellen und bei geschlossener Kuppel 20–30 Minuten garen. Inzwischen Kartoffeln und Zwiebeln, falls verwendet, vorbereiten.

Die Kartoffeln quer, in etwa 5 mm großen Abständen tief einschneiden, sodass die Basis intakt bleibt und sie sich beim Garen etwas auffächern. Zusammen mit den Zwiebeln, falls verwendet, in eine Schüssel geben. Salzen und pfeffern. Eventuell übrig gebliebene Knoblauchscheiben untermischen.

Die Bratform aus dem EGG nehmen. Kartoffeln und Zwiebeln, falls verwendet, darin verteilen und die Rosmarinzweige dazwischenstecken. Mit Brühe, Wein oder Wasser übergießen. Die Keule wieder auf das Gitter setzen, sodass der Bratensaft nun aufs Gemüse tropft. Je nach gewünschter Garstufe weitere 1–1½ Stunden garen.

Die Keule aus dem EGG nehmen und ruhen lassen. Wenn die Kartoffeln noch etwas knuspriger werden sollen, die Temperatur auf 250–300 °C erhöhen. (Auch die Keule kann zusätzlich 5 Minuten von allen Seiten angebräunt werden.)

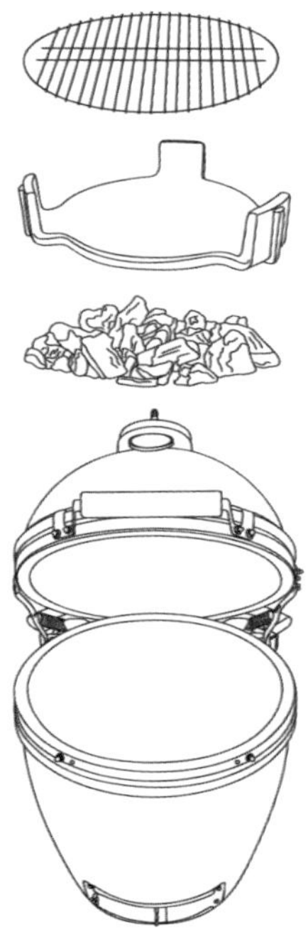

OFENKARTOFFELN
mit Tartiflette oder gerösteten Schalotten, Knochenmark & Rosmarin

FÜR 4 PERSONEN

EGG-SETUP
Indirektes Setup; ConvEGGtor mit Beinen nach oben und Edelstahlrost.

ZIELTEMPERATUR
180–210 °C

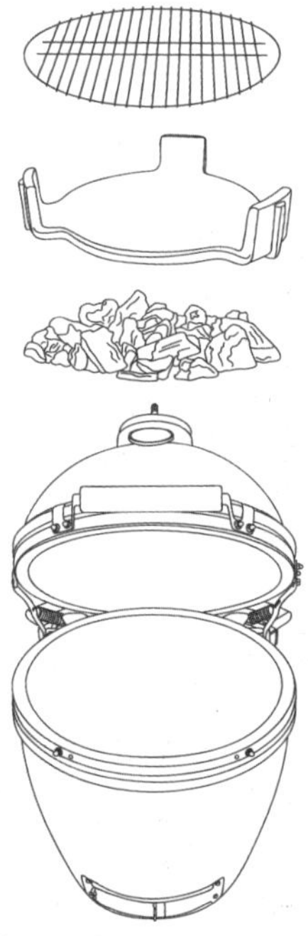

Diese wunderbaren Ofenkartoffeln können allein oder als Beilage zu einem »dirty« gegarten Steak oder einem Stück geräucherten Schweinefleisch serviert werden.

4 mittelgroße Ofenkartoffeln

Salz und frisch gemahlener schwarzer Pfeffer

Füllung 1: Tartiflette

2 EL Butter

100 g Crème fraîche

4 Scheiben (geräucherter) Kochschinken, grob gehackt

200 g würziger halbfester Käse wie Reblochon, Raclette oder Taleggio, je nach Sorte geraspelt oder zerzupft

1 kleines Bund glatte Petersilie, grob gehackt

Füllung 2: Schalotten, Knochenmark & Rosmarin

3 große Schalotten mit Schale

1 Zweig Rosmarin, Nadeln fein gehackt

1 Knoblauchzehe, fein gehackt

8 Stücke Knochenmark, etwa 3 cm dick, aus dem Knochen gelöst, oder Lardo oder grüner Speck

Die Kartoffeln auf den Rost legen und bei geschlossener Kuppel 40–60 Minuten garen, bis sie weich und die Schalen knusprig sind.

Für die Tartiflette-Füllung die Kartoffeln längs halbieren und aushöhlen, ohne die Schalen zu beschädigen. Das Kartoffelfleisch grob zerdrücken. Butter, Crème fraîche, Schinken und Käse unterrühren. Mit etwas Salz und Pfeffer abschmecken.

Die Kartoffelschalen mit der Masse füllen, auf den Rost setzen und 10–15 Minuten bei geschlossener Kuppel garen, bis die Füllung goldbraun ist und Blasen wirft. Mit Petersilie garnieren und sofort servieren. Nach Belieben etwas Dijonsenf und Cornichons dazu reichen.

Für Füllung 2 die Schalotten mit den Kartoffeln 30 Minuten im EGG sehr weich garen. Etwas abkühlen lassen, dann abziehen, grob hacken und in eine Schüssel geben. Salzen und pfeffern. Rosmarin und Knoblauch untermischen.

Die Kartoffelhälften wie oben beschrieben aushöhlen und das Kartoffelfleisch zur Schalottenmischung geben. Das Knochenmark vorsichtig untermischen. Die Kartoffelschalen damit füllen, auf den Rost setzen und bei geschlossener Kuppel 10–15 Minuten garen, bis die Füllung goldbraun ist und Blasen wirft. Sofort servieren (ich serviere sie gerne zu einem Steak).

GEBRATENE KAROTTEN
mit Zhug

Hier zeigt sich wieder, was für tolle Gemüsegerichte das EGG hergibt. Diese Karotten sind eine leckere Beilage zur Schafkeule von S. 144, machen sich aber auch als Teil einer Mezze-Auswahl ganz famos. Das Rezept funktioniert auch mit Pastinaken und kleinen Roten Beten.

12 mittelgroße Bund-Karotten (oder eine bunte Mischung)

2 EL Sonnenblumen- oder Olivenöl

Blätter von einigen Thymianzweigen

1 EL Butter

1 EL Honig

1 große Prise getrocknete Chiliflocken, wie Aleppo oder Urfa

fein abgeriebene Schale von 1 Bio-Zitrone oder Bio-Orange

½ kleines Bund Kräuter, wie Estragon, Schnittlauch oder glatte Petersilie, grob gehackt (nach Belieben)

Salz und frisch gemahlener schwarzer Pfeffer

Zhug (s. S. 190), Chimichurri (s. S. 190) oder Dukkah (s. S. 187) zum Servieren

Die Karotten in eine große Schüssel geben. Mit Öl, Thymian, Salz und Pfeffer würzen. Nebeneinander in eine Bratform legen, auf den Rost setzen und bei geschlossener Kuppel 30 Minuten weich garen, dabei nach der Hälfte der Zeit wenden.

Die Karotten in Butter, Honig, Chiliflocken und Zitronen- oder Orangenschale wenden und weitere 5 Minuten im EGG garen, bis sie gebräunt sind.

Die Karotten kurz vor dem Servieren in den Kräutern wenden, falls verwendet. Auf einem großen Teller anrichten und mit Zhug oder Chimichurri beträufeln bzw. mit Dukkah bestreuen.

FÜR 6 PERSONEN ALS BEILAGE
oder als Teil einer Mezzetafel

EGG-SETUP
Indirektes Setup; ConvEGGtor mit Beinen nach oben und Edelstahlrost.

ZIELTEMPERATUR
150–180 °C

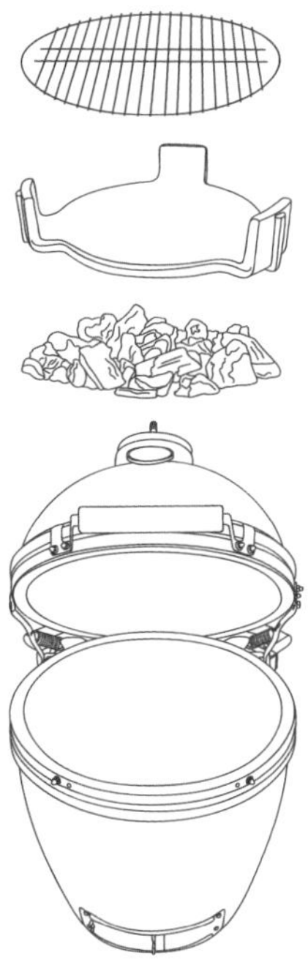

MAISKOLBEN

mit Kikos-Streuseln

FÜR 4–8 PERSONEN ALS VORSPEISE ODER BEILAGE

EGG-SETUP

Indirektes Setup; ConvEGGtor mit Beinen nach oben und Edelstahlrost, dann für direktes Setup zum Finish ConvEGGtor herausnehmen.

ZIELTEMPERATUR

160–210 °C

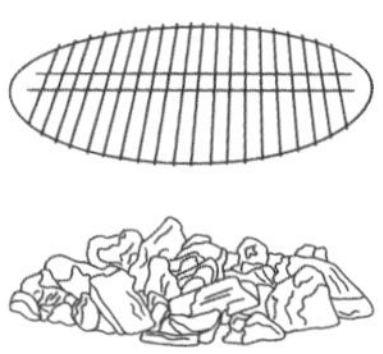

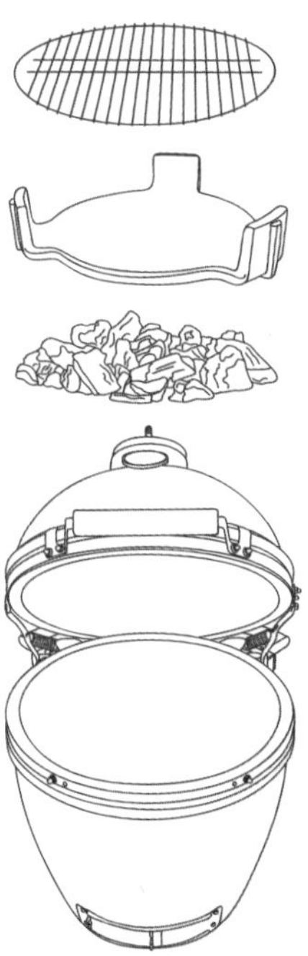

Ein tolles Gericht, das sehr wenig Arbeit macht. Maiskolben sind an sich schon superlecker, noch lieber mag ich sie als Beilage. Kikos – geröstete gesalzene Maiskörner –, die normalerweise als Knabberei serviert werden, sind kein Muss, sorgen aber, grob gemahlen, für einen zusätzlichen Knusperfaktor. Kikos finden Sie in türkischen und arabischen Lebensmittelgeschäften oder in gut sortierten Supermärkten.

8 Zuckermaiskolben mit Hüllblättern

1 EL Chipotle in Adobo oder getrocknete Chipotle-Chiliflocken oder -Paste, plus mehr zum Servieren (nach Belieben)

100 g Mayonnaise oder Aioli mit geröstetem Knoblauch (s. S. 183)

Pflanzenöl zum Bestreichen

100 g kräftiger, salziger Käse, wie Feta, Parmesan, Cheddar, geraspelt oder zerkrümelt

1 kleines Bund Koriandergrün, fein gehackt

4 EL Kikos, zu Pulver zerstoßen

Chiliflocken (nach Belieben)

Salz und frisch gemahlener schwarzer Pfeffer

2 Limetten, in Spalten geschnitten, zum Servieren

Die Maiskolben in den Hüllblättern auf den Rost legen und bei geschlossener Kuppel 20–25 Minuten weich garen, dann 5 Minuten abkühlen lassen. Die Hüllblätter nach unten ziehen, aber nicht abreißen. Den Maisbart entfernen. Den ConvEGGtor vorsichtig herausnehmen und den Grillrost wieder einsetzen.

Inzwischen die Chipotle (ganze Stücke zerkleinern) in die Mayonnaise rühren.

Die Maiskolben mit Öl bestreichen, salzen und pfeffern. Wieder auf den Rost legen und bei geschlossener Kuppel 10 Minuten unter gelegentlichem Wenden garen, bis sie gebräunt sind.

Die Maiskolben vom Rost nehmen und entweder Spieße oder Maisgabeln hineinstecken. Sofort mit der Mayonnaise bestreichen und mit Käse, Koriander, Kikos und nach Belieben auch mit Chiliflocken bestreuen. Mit Limettenspalten zum Beträufeln servieren.

RESTE-MOUSSAKA

Es gibt keine Entschuldigung dafür, übrig gebliebenes gegartes Fleisch wegzuwerfen, vor allem, wenn es ein tolles Restegericht abgibt.

Rauchige Auberginen, rauchiges Fleisch, rauchiges Joghurttopping – oh Mann, wie lecker! Von dieser Moussaka kann ich nie genug kriegen.

4–6 EL Olivenöl

2 kleine Zwiebeln, in Scheiben

2 große Knoblauchzehen, in feinen Scheiben

1 Dose passierte Tomaten (400 g)

2 TL getrockneter Oregano

1½ TL gemahlener Zimt

500 g gebratenes Lamm-, Hammel-, Ziegen- oder Rindfleisch, fein gehackt

2 große Auberginen, in 1 cm dicke Scheiben geschnitten und leicht gesalzen

1 kleines Bund glatte Petersilie, grob gehackt

Salz und frisch gemahlener schwarzer Pfeffer

Für das Topping

500 g griechischer Joghurt

2 Eier (Größe M), verquirlt

1 EL Speisestärke

100 g Halloumi, geraspelt

¼ Muskatnuss, fein gerieben

Salz und frisch gemahlener schwarzer Pfeffer

In einer Pfanne auf dem Herd 2 EL Öl erhitzen. Zwiebeln und Knoblauch darin 10 Minuten weich andünsten. Passierte Tomaten, die Hälfte des Oregano sowie Zimt zufügen und 2 Minuten köcheln lassen. Dann gut umrühren und mit Salz und Pfeffer abschmecken. Die Pfanne vom Herd nehmen und das gehackte Fleisch untermischen. Beiseitestellen.

Für das Topping den Joghurt mit Eiern und Speisestärke in einer mittelgroßen Schüssel verrühren. Halloumi, Muskatnuss und reichlich frisch gemahlenen schwarzen Pfeffer unterziehen.

Die Auberginenscheiben mit Olivenöl bestreichen, auf den Rost legen und bei geschlossener Kuppel 4–6 Minuten von jeder Seite weich und goldbraun grillen.

Ein Drittel der Auberginen in eine Bratform schichten. Mit der Hälfte der Fleischmasse bedecken. Die Schichten einmal wiederholen und mit den restlichen Auberginen bedecken. Die Joghurtmischung darauf verstreichen. Mit dem restlichen Oregano bestreuen und mit 1 EL Olivenöl beträufeln.

Die Form auf den Rost stellen und die Moussaka bei geschlossener Kuppel 25–35 Minuten garen, bis die Oberfläche goldbraun ist und Blasen wirft. Die Moussaka vom Rost nehmen und etwa 10 Minuten ruhen lassen. Mit der Petersilie bestreut servieren.

FÜR 6–8 PERSONEN

EGG-SETUP

Sauce und Topping vor dem Anzünden des EGG zubereiten und die Aubergine grillen.

Indirektes Setup; ConvEGGtor mit Beinen nach oben und Edelstahlrost.

ZIELTEMPERATUR

150–180 °C

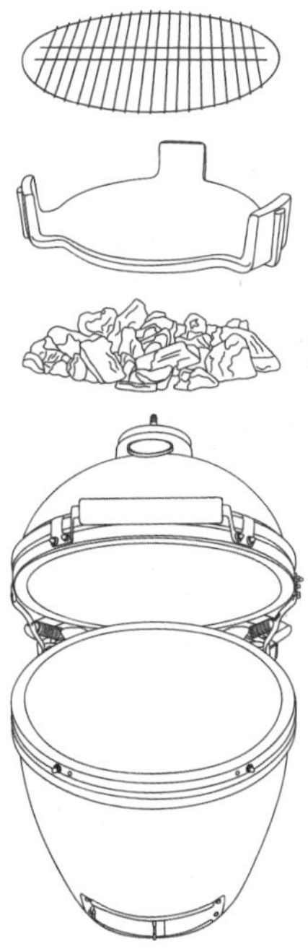

GEBACKENE ROTE BETEN

Blättern Sie nicht einfach weiter, nur weil es sich um die bescheidene Rote Bete handelt. Das EGG ist nämlich auch hervorragend für die Zubereitung von Gemüse geeignet. Servieren Sie diese Roten Beten mit Tahinsauce (s. S. 183), Crème fraîche mit Meerrettich oder geräuchertem Ricotta (s. S. 99).

2 Bund Rote Bete, Blätter und Stängel abgetrennt und beiseitegelegt

2 Knoblauchzehen, fein gehackt

1 EL fein gehackte Thymianblätter

2 EL Dijonsenf

3 EL Rotwein- oder Balsamico-Essig

30 ml/2 EL Olivenöl, plus mehr zum Servieren

Salz und frisch gemahlener schwarzer Pfeffer

Die Roten Beten auf den Rost legen und bei geschlossener Kuppel 45–90 Minuten weich garen.

Inzwischen die Rote-Bete-Blätter und -Stängel putzen und waschen.

Salzwasser in einem großen Topf auf dem Herd zum Kochen bringen. Blätter und Stängel darin 30 Sekunden blanchieren, dann abtropfen lassen und beiseitestellen.

Die Beten vom Rost nehmen und etwas abkühlen lassen. So heiß wie möglich schälen und in etwa 5 mm großen Abständen tief einschneiden, sodass sie an der Basis noch zusammenhalten und sich beim weiteren Garen etwas auffächern. Knoblauch, Thymian, Senf, Essig, Olivenöl, Salz und Pfeffer in einer Schüssel verrühren und die Roten Beten darin wenden. In eine Bratform setzen. Die Form auf den Rost stellen und die Beten bei geschlossener Kuppel 2–3 Minuten garen, bis sie knusprig sind. Dabei einmal wenden.

Die Rote Beten mit dem blanchierten Blattgrün servieren.

FÜR 6 PERSONEN oder mehr
als Beilage oder Teil einer Mezzetafel

EGG-SETUP
Indirektes Setup; ConvEGGtor mit Beinen nach oben und Edelstahlrost.

ZIELTEMPERATUR
200–220 °C

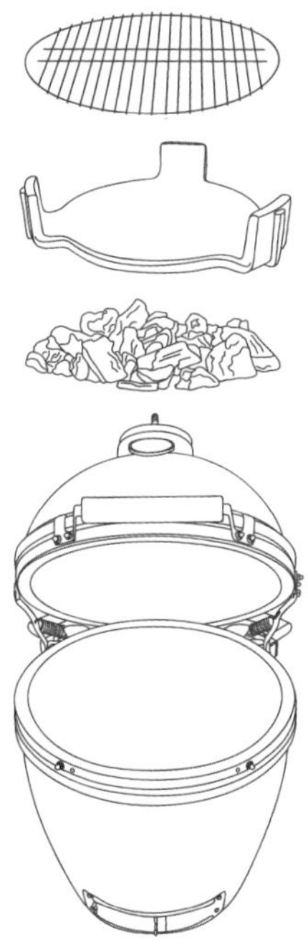

DUTCH OVEN

Ein Dutch Oven ist kein holländisches Ofenmodell, wie die wörtliche Übersetzung vielleicht vermuten lässt, sondern ein traditioneller großer Kochtopf mit dicht schließendem Deckel, der aus robusten Materialien wie Gusseisen besteht. Alternativ können Sie eine große, schwere Kasserolle oder einen Gusseisentopf, möglichst aus unbeschichtetem Material verwenden.

Auf den ersten Blick mag das Kochen in einem Topf im EGG unnötig erscheinen. Lassen sich Schmorgerichte nicht genauso gut in einem normalen Ofen oder auf dem Herd zubereiten? Es gibt zwei Gründe, warum die Antwort Nein lautet: Zum einen kann das Fleisch, bevor es in den Topf wandert, auf dem Rost kurz angebräunt werden, damit es schöne Röstaromen erhält. Zum anderen entwickeln sich durch die Holzkohleglut Raucharomen, die dem Gericht zusätzliche Geschmacksnoten verleihen, da der Dutch Oven im Allgemeinen ohne Deckel in den EGG kommt. Praktisch ist auch, dass Sie neben dem Dutch Oven noch etwas anderes auf dem Rost zubereiten können.

FLÄMISCHE KARBONADE

FÜR 6–8 PERSONEN

EGG-SETUP
Indirektes Setup; ConvEGGtor mit Beinen nach oben, Edelstahlrost und Dutch Oven.

ZIELTEMPERATUR
200–210 °C, dann 130–150 °C

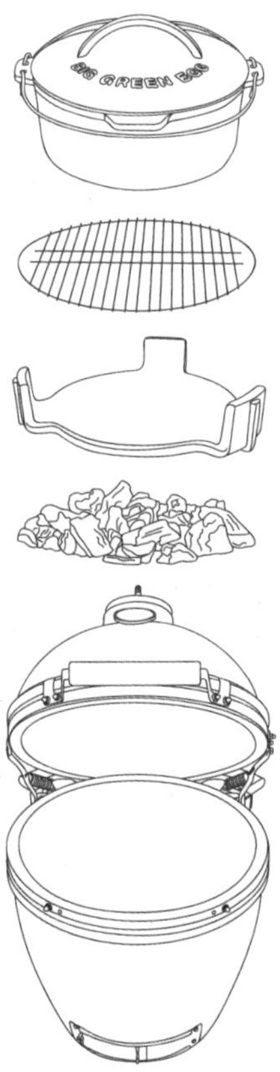

Bei diesem Rezept muss die Temperatur im EGG für den zweiten Garabschnitt reduziert werden. Schließen Sie dafür die Zuluftventile unten und oben bis auf einen winzigen Spalt, bis die Temperatur auf 130–150 °C gefallen ist. Dieses Gericht ist mit seinen süßen, kräftigen Aromen ein echter Hochgenuss. Servieren Sie es mit Nudeln, Kartoffeln oder Knödeln und Senf.

2 EL Weizenmehl (gerne auch Vollkorn), plus 1 EL, wenn die Sauce dicker sein soll

3 Zwiebeln, in feinen Streifen

1,5–2 kg Schaufelstück vom Rind (oder ausgelöstes Bratenstück aus Nacken oder Hesse), vor dem Anzünden des EGG aus dem Kühlschrank genommen

2 EL Pflanzenöl oder Rindertalg

3 Knoblauchzehen, in feinen Scheiben

2 Lorbeerblätter

1 Zweig Thymian

30 g/2½ EL brauner Zucker

1 EL Apfel- oder Weinessig

1 EL Dijonsenf, plus mehr zum Abschmecken und Servieren

200 ml Hühner-, Kalb- oder Rinderbrühe

660 ml dunkles belgisches Bier oder Ihr Lieblingsbier

Salz und frisch gemahlener schwarzer Pfeffer

Den Dutch Oven 10 Minuten im geschlossenen EGG vorheizen. Inzwischen das Mehl mit Salz und Pfeffer würzen und die Zwiebelstreifen darin wenden.

Das Fleisch auf den Rost legen und bei geschlossener Kuppel 5–6 Minuten von jeder Seite anbräunen. Auf einen großen Teller heben. Gleichzeitig das Öl im Dutch Oven erhitzen und Zwiebeln, Knoblauch, Lorbeerblätter und Thymian darin 10–15 Minuten dünsten, dabei alle paar Minuten umrühren. Zucker und Essig einrühren und weitere 3–5 Minuten garen, bis die Flüssigkeit fast verdampft ist. Senf und, wenn die Sauce dicker werden soll, das zusätzliche Mehl einrühren.

Das Fleisch (samt Fleischsaft auf dem Teller) in den Topf geben. Brühe und Bier zugießen. Salzen und pfeffern. Das EGG schließen und die Zuluftventile für eine Zieltemperatur von 130–150 °C regulieren.

Das Fleisch 3–4 Stunden schmoren, bis es sehr zart ist, aber nicht auseinanderfällt (die Kerntemperatur sollte etwa 93 °C betragen). Dabei mehrmals den Flüssigkeitsstand überprüfen und bei Bedarf etwas Wasser (oder Brühe) zugießen; das Fleisch sollte mindestens zur Hälfte bedeckt sein. Das Fleisch 10 Minuten ruhen lassen. Mit Salz, Pfeffer und Senf abschmecken. In Scheiben schneiden und in der Sauce servieren.

RÖSTGEMÜSE-SUPPE

mit Pfefferbutter

Diese Suppe ist ideal, um dem Gemüse-Sammelsurium aus dem Kühlschrank neues Leben einzuhauchen. Variieren Sie die Gemüsesorten und -proportionen und geben auch mal Rote Bete, Steckrüben, Fenchel, Kohlrabi, Topinambur und frischen Ingwer oder Kurkuma dazu.

FÜR 6–8 PERSONEN

EGG-SETUP

Indirektes Setup; ConvEGGtor mit Beinen nach oben, Edelstahlrost und Dutch Oven.

ZIELTEMPERATUR

160–190 °C

1 Lauchstange, geputzt und gewaschen

1 Knoblauchknolle

2 kleine Zwiebeln mit Schale

8 kleine Karotten (schön ist eine bunte Mischung), geputzt und längs halbiert

1 kleiner Knollensellerie, geschält und in 1 cm dicken Scheiben

2 Pastinaken, geschält und in 1 cm dicken Scheiben

1 kleiner Kürbis, geschält, entkernt und in 1 cm dicken Scheiben

2 EL Olivenöl

1,5 l heiße Hühner- oder Gemüsebrühe

2 Lorbeerblätter

1 großer Zweig Thymian, Salbei oder Rosmarin

Salz und frisch gemahlener schwarzer Pfeffer

knuspriges Brot, zum Servieren

Für die Pfefferbutter

100 g weiche Butter

1 TL Salzflocken

1 TL grob gemahlener schwarzer Pfeffer

Lauch, Knoblauchknolle und Zwiebeln am Rand auf den Rost legen und bei geschlossener Kuppel 20 Minuten unter gelegentlichem Wenden weich garen.

Inzwischen die Karotten und das geschnittene Gemüse mit dem Olivenöl bestreichen bzw. darin wenden. Salzen und pfeffern. Ebenfalls auf den Rost legen und etwa 6 Minuten von jeder Seite anbräunen.

Inzwischen die Pfefferbutter zubereiten. Dafür die Butter glatt und cremig rühren. Salz und Pfeffer einrühren. Die Butter mithilfe eines Stücks Backpapier zu einer Rolle formen und im Kühlschrank fest werden lassen.

Das gegrillte Gemüse in den Dutch Oven geben; ein paar Karottenhälften und Gemüsescheiben zum Garnieren beiseitelegen. Die äußeren geschwärzten Blätter des Lauchs abziehen. Von den Zwiebeln und Knoblauchzehen die Spitze abschneiden und das weiche Fruchtfleisch aus den Schalen drücken. Grob hacken und zum restlichen Gemüse in den Dutch Oven geben. Die Hälfte der Pfefferbutter zufügen.

Den Topf auf den Rost stellen und die heiße Brühe mit Lorbeerblättern und Kräuterzweig zufügen. Die Suppe bei geschlossener Kuppel 15 Minuten garen. Den Topf aus dem EGG nehmen. Lorbeerblätter und Kräuterzweig entfernen. Die Suppe glatt pürieren; bei Bedarf etwas Wasser oder Brühe einarbeiten. Die Suppe gegebenenfalls im EGG aufwärmen.

In Servierschalen füllen und mit dem zurückgelegten Gemüse garnieren. Mit knusprigem Brot und der restlichen Pfefferbutter servieren.

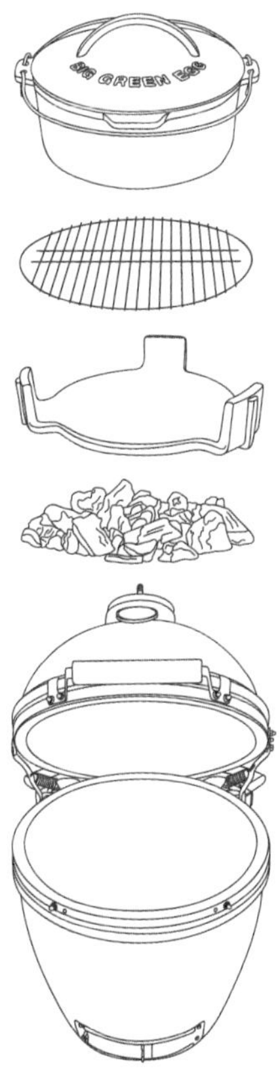

SCHWARZE BOHNEN
in pikanter Kokossauce

FÜR 4–6 PERSONEN

EGG-SETUP
Indirektes Setup; ConvEGGtor mit Beinen nach oben, Edelstahlrost und Dutch Oven.

ZIELTEMPERATUR
140–170 °C

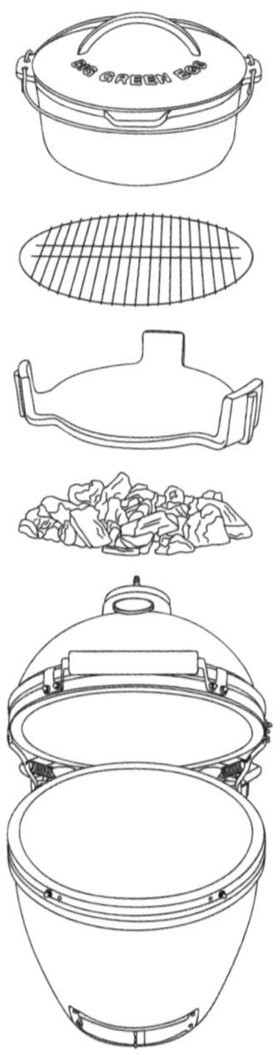

Dieses Gericht ist eine Abwandlung des jamaikanischen Schwarze- Bohnen-Currys. Es sollte sehr »saucig« sein und wird am besten mit Reis und Paratha (s. S. 173) serviert.

3 EL Kokos- oder Sonnenblumenöl

1 Zwiebel, fein gehackt

1 grüne Paprikaschote, entkernt und fein gehackt

3 Knoblauchzehen, fein gehackt

1 Habanero- oder Scotch-Bonnet-Chilischote oder eine mildere Sorte, fein gehackt

2 TL gemahlener Kreuzkümmel

2 Lorbeerblätter

250 g getrocknete schwarze Bohnen, über Nacht in reichlich kaltem Wasser eingeweicht

200 ml Kokosmilch

Saft von ½ Limette, nach Belieben mehr

100 g frischer Spinat, gehackt

1 kleines Bund Koriandergrün, grob gehackt

Salz und frisch gemahlener schwarzer Pfeffer

Das Öl im Dutch Oven auf dem Herd erhitzen. Zwiebel, Paprika, Knoblauch und Chili darin 10 Minuten weich dünsten. Kreuzkümmel und Lorbeerblätter zufügen.

Die eingeweichten Bohnen abtropfen lassen, abspülen und mit so viel frischem kaltem Wasser in den Dutch Oven geben, dass sie mindestens 5 cm hoch bedeckt sind. Auf dem Herd zum Kochen bringen und dabei den Schaum abschöpfen. Den Deckel aufsetzen. Den Topf auf den Rost stellen und die Bohnen bei geschlossener Kuppel 1½–2 Stunden weich garen. Bei Bedarf Wasser zugießen, sodass die Bohnen immer bedeckt sind.

Die Bohnen salzen und pfeffern. Kokosmilch und Limettensaft unterrühren und weitere 10 Minuten im EGG garen.

Spinat und die Hälfte des Korianders unterziehen und weitere 2 Minuten garen, bis der Spinat zusammengefallen ist. Den Topf vom Rost nehmen und die Bohnen mit Salz und Pfeffer und nach Belieben mit einem Spritzer Limettensaft abschmecken. Mit dem restlichen Koriander garnieren und servieren.

ALL

ENTENCURRY
aus Trinidad

FÜR 6–8 PERSONEN

EGG-SETUP
Direktes Setup mit Edelstahlrost und Dutch Oven.

ZIELTEMPERATUR
180–200 °C

Im Zusammenhang mit meiner Arbeit zur Förderung der Ziegenfleischindustrie von Trinidad hatte ich das Glück, einige Male auf die Karibikinsel zu reisen. Die Esskultur von Trinidad ist faszinierend, aber international leider nicht sehr bekannt. Deshalb bin ich Franka, Ardene und dem Team, durch die ich diese Küche kennengelernt habe, wirklich dankbar. Als ich eines Nachmittags auf einer Ziegenfarm in den Hof gerufen wurde, hatten Ravi, der Farmmanager und ein paar Freunde gekocht: Mithilfe eines riesigen Hackbeils, einem offenen Feuer, das halb Tandoor, halb Kamado war, und einem Wok hatten sie in etwa einer Stunde ein leckeres Entencurry zubereitet. Das war so ziemlich das Einzige, das in Trinidad schnell ging, wie mir schien.

Der Trick hier ist, das Curry kräftig zu kochen. Ich weiß, das hört sich verkehrt an, aber so ist es eben. Die frischen grünen Chilischoten sorgen für eine angenehme pikante Schärfe. Servieren Sie das Curry mit Paratha (s. S. 173).

4 Entenkeulen, etwa 1,2 kg, am Knochen in mundgerechte Stücke gehackt (verwenden Sie ein gutes Hackbeil oder bitten Sie in Ihrer Metzgerei darum)

Saft von 1 Limette, plus mehr zum Servieren

3 Knoblauchzehen, fein gehackt

1 TL Salz

1 TL frisch gemahlener schwarzer Pfeffer

2 EL Trinidad- oder anderes Currypulver

1 EL Amchur (Mangopulver) oder Chaat masala (oder 1 TL Garam masala mit 1 Spritzer Limettensaft)

2 TL gemahlene Kurkuma

1–2 TL scharfe Sauce

½ Bund Frühlingszwiebeln, fein gehackt

2 grüne Chilischoten, fein gehackt (Scotch Bonnet für zusätzliches Aroma und extra Schärfe)

1 kleines Bund Koriandergrün, Stiele und Blätter getrennt und fein gehackt

1 TL frische Thymianblätter, fein gehackt

2 EL Pflanzen- oder Kokosöl

1 Dose Kokosmilch (400 g)

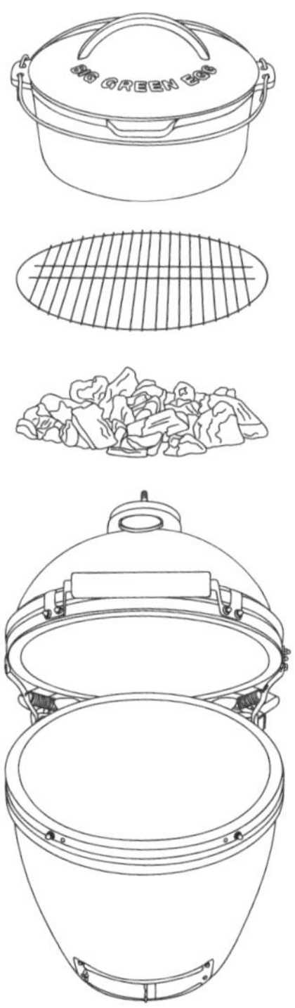

Die Fleischstücke in einer Schüssel mit Limettensaft, Knoblauch, Salz, Pfeffer, Gewürzen und scharfer Sauce mischen. Frühlingszwiebeln, Chilischoten, gehackte Korianderstiele und Thymian untermischen. Abgedeckt mindestens 2 Stunden oder über Nacht im Kühlschrank ziehen lassen.

Den Dutch Oven auf den Rost stellen und 5 Minuten vorheizen. Das Öl darin erhitzen. Entenfleisch samt Marinade zufügen und bei geschlossener Kuppel 5 Minuten garen. Umrühren und weitere 10–15 Minuten köcheln lassen, bis das Fleisch gebräunt ist. So viel Wasser zugießen, dass das Fleisch bedeckt ist. Bei geschlossener Kuppel 30 Minuten schmoren, bis die Flüssigkeit eingedickt ist. Die Kokosmilch einrühren und das Fleisch weitere 30–60 Minuten schmoren. Bei Bedarf etwas Wasser zugießen, damit das Fleisch nicht austrocknet.

Mit Limettensaft abschmecken. Mit den gehackten Korianderblättern garnieren und sofort servieren.

LAMMKOTELETTS BHUNA

FÜR 4–6 PERSONEN

EGG-SETUP
Indirektes Setup; ConvEGGtor mit Beinen nach oben, Edelstahlrost und Dutch Oven.

ZIELTEMPERATUR
190–210 °C

Dieses Rezept stammt von meinem Freund Shanti Bhushan, der das »Brigadiers«, das beste Curryhaus in London, leitet. Das Restaurant als »Curryhaus« zu bezeichnen, trifft es vielleicht nicht ganz, denn es ist ein magischer Ort. Beim Londoner BBQ-Festival Meatopia haben wir das Gericht auch schon mit Ziegenfleisch zubereitet, und es war mit das Beste, was ich je gegessen habe. Von Shanti habe ich sehr viel über indisches Essen gelernt.

Wichtig ist, die Koteletts vor dem Schmoren auf den Rost zu legen, damit sie diese wunderbaren Raucharomen mit in den Topf bringen.

50 g/3½ EL Ghee
3 grüne Kardamomkapseln
½ Zimtstange
½ Muskatblüte (Mazis)
1 große Zwiebel, fein gehackt
5 Knoblauchzehen, fein gehackt
1 EL fein geriebener Ingwer
2 TL Kashmiri-Chilipulver
2 EL Garam masala
2 Lorbeerblätter
1 kg Lammkoteletts
200 g Joghurt
4 ganze milde getrocknete rote Chilischoten (wie Kashmiri)
1 grüne Chilischote, fein gehackt
Salz

Zum Servieren
Paratha (s. S. 173)
Minze-Raita (s. S. 187)
Harissa (s. S. 186) oder Salsa aus Röstgemüse (s. S. 188)
Salat nach Wahl

Den Dutch Oven mindestens 15 Minuten im EGG vorheizen. Das Ghee darin zerlassen und Kardamom, Zimt und Muskat 30 Sekunden braten, bis sie zu duften beginnen. Die Zwiebel zufügen und bei geschlossener Kuppel 10–20 Minuten unter gelegentlichem Rühren weich und goldgelb garen.

Knoblauch, Ingwer, 1 TL Salz, Chilipulver, Garam masala und Lorbeerblätter mit 100 ml Wasser zugeben und einige Male rühren, bis das Fett sich an der Oberfläche absetzt.

Die Koteletts salzen, auf den Rost legen und anbräunen. Den Joghurt sorgfältig in die Zwiebel-Gewürz-Mischung rühren. Rote Chilischoten, Koteletts und 400 ml Wasser zugeben. Bei geschlossener Kuppel 1–1½ Stunden schmoren, bis die Koteletts zart sind.

Die gehackte grüne Chili unterrühren und mit Salz abschmecken. Mit Paratha, Minze-Raita, Harissa oder Salsa und Salat servieren.

MOLE

FÜR 6–8 PERSONEN

EGG-SETUP

Indirektes Setup; ConvEGGtor mit Beinen nach oben, Edelstahlrost und Dutch Oven.

ZIELTEMPERATUR

180–200 °C

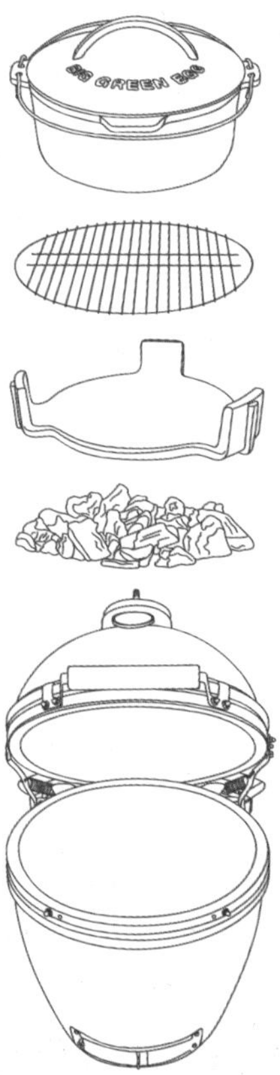

Wenn dieses Gericht im EGG zubereitet wird und vor allem, wenn Knoblauch und Tomaten fast schwarz geröstet werden, erhält es wunderbare Rauch- und Röstaromen, die durch die Aromen der Gewürzmischung perfekt abgerundet werden. Servieren Sie die Mole zu Maistortillas (s. S. 179) und Maiskolben (s. S. 148).

- 2 Ancho-Chilischoten
- 2 Pasilla-Chilischoten
- 3 Tomaten
- 1 rote Zwiebel, Wurzelansatz abgetrennt
- 1 Knoblauchknolle
- 3 EL Öl
- 1 TL Annattosamen
- 50 g Rosinen
- 1 TL gemahlener Zimt
- 1 TL getrockneter mexikanischer Oregano
- 1 TL geröstete getrocknete Guajillo-Chiliflocken
- 1 TL geröstetes Pasilla-Chilipulver
- ½ TL gemahlener Piment
- ¼ TL gemahlene Gewürznelken
- ½ TL gemahlener Thymian
- ¼ TL gemahlene Lorbeerblätter
- ½ TL geröstete, gemahlene Kreuzkümmelsamen
- 1 EL Sesam
- ½ TL Salz
- 250 ml Hühnerbrühe oder Wasser

Die Chilischoten auf den Rost legen und bei geschlossener Kuppel 1 Minute rösten. Entstielen und entkernen. In eine Schale geben und mit gut 100 ml kochend heißem Wasser bedecken. Tomaten, Zwiebel und Knoblauch auf den Rost legen und bei geschlossener Kuppel 10 Minuten rösten, bis die Schalen geschwärzt sind und das Fruchtfleisch weich ist.

Das Öl in einer kleinen Pfanne erhitzen und die Annattosamen darin 30 Sekunden rösten, bis das Öl eine tiefrote Farbe hat. Das Öl durch ein Haarsieb in eine Schüssel passieren (die Samen entsorgen) und beiseitestellen.

Eine Kappe von der Knoblauchknolle abschneiden und die Zehen aus den Schalen drücken. Die Zwiebel abziehen und die Tomaten häuten. Knoblauch, Zwiebel und Tomaten zusammen mit den abgetropften Chilischoten, Rosinen, 100 ml Wasser, Gewürzen, Kräutern, Sesam und Salz im Mixer glatt pürieren.

Den Dutch Oven auf den Rost stellen und das Annattoöl darin erhitzen. Das Gemüsepüree zufügen und 5 Minuten garen, bis es zu bräunen und am Topfboden zu haften beginnt. Brühe oder Wasser unterrühren und 10 Minuten eindicken lassen.

FISCHCURRY

Dieses Curry, für das ich gefrorene Fischfilets verwende, ist ideal, um auch aus Fisch, der nicht gerade viel Eigenaroma hat, was Tolles zu zaubern.

Für die Gewürzmischung

- 2 TL roher Basmatireis
- 1 TL getrocknete Chiliflocken
- 2 TL Koriandersamen
- 2 TL Kreuzkümmelsamen
- 1 TL schwarze Pfefferkörner
- 1 TL schwarze Senfsaat
- 1 TL Fenchelsamen
- 2 Gewürznelken
- 1 TL gemahlene Kurkuma

Für das Curry

- 1½ TL Salz
- 700 g Fischfilet (aufgetaut, falls gefroren)
- 3 Tomaten
- 1 Zwiebel mit Schale, Wurzelansatz abgetrennt
- 2 rote Chilischoten
- 2 Knoblauchzehen, grob gehackt
- 1 EL geriebener Ingwer
- 2 EL Kokos- oder Pflanzenöl
- 10 Curryblätter (nach Belieben)
- 200 ml Vollfett-Kokosmilch
- Saft von 1 Limette

Die Pfanne auf den Rost stellen und vorheizen. Reiskörner und Gewürze darin 2–3 Minuten rösten, bis sie zu duften beginnen. Im Mörser oder in einer Gewürzmühle pulverig fein zerstoßen bzw. mahlen.

Auf einem Teller 2 EL Gewürzmischung und ½ TL Salz mischen und die Fischfilets darin wenden. Beiseitelegen. Tomaten, Zwiebel und Chilischoten auf den Rost legen und bei geschlossener Kuppel 5 Minuten rösten, bis sie geschwärzt und weich sind. Mit dem restlichen TL Salz, Knoblauch, Ingwer und restlicher Gewürzmischung zu einer glatten Paste mixen (bei Bedarf 1 Spritzer Wasser einarbeiten).

Den Dutch Oven auf den Rost stellen und vorheizen. Das Öl darin erhitzen. Die Curryblätter, falls verwendet, zufügen und 1 Minute rösten. Die Gewürzpaste zufügen und bei geschlossener Kuppel 10–15 Minuten garen, bis sie eingedickt ist und am Topfboden zu haften beginnt. Die Kokosmilch unterrühren und 20 Minuten eindicken lassen.

Den Fisch entweder 3–4 Minuten in der Sauce gar ziehen lassen oder auf den Rost legen und 3 Minuten bei geschlossener Kuppel grillen und dann in die Sauce geben. Mit Limettensaft abschmecken.

FÜR 4–6 PERSONEN

EGG-SETUP
Indirektes Setup; ConvEGGtor mit Beinen nach oben, Edelstahlrost, Gusseisenpfanne und Dutch Oven.

ZIELTEMPERATUR
180–200 °C

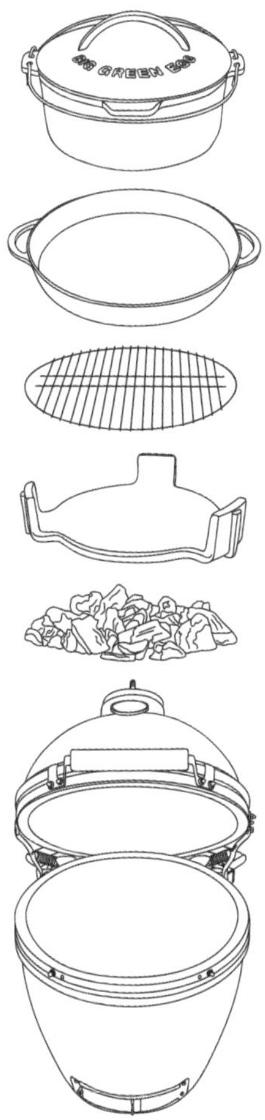

Das japanische Reisgericht Kamameshi (s. S. 166) wird in einem sogenannten Kama zubereitet, ein gusseiserner Topf, der auf die Öffnung eines traditionellen Kamado gesetzt wird.

KAMAMESHI

FÜR 4 PERSONEN

EGG-SETUP
Indirektes Setup; ConvEGGtor mit Beinen nach oben, Edelstahlrost und Dutch Oven.

ZIELTEMPERATUR
160–180 °C

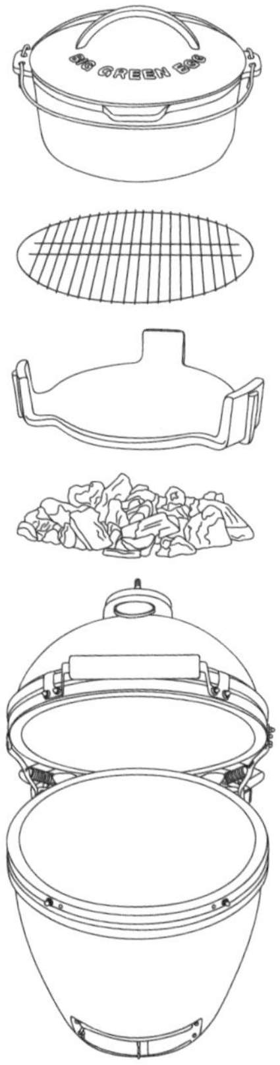

Kamameshi ist ein Gericht, das in diesem Buch nicht fehlen darf. Traditionell wird es in einem »Kama« zubereitet, dem Gusseisentopf, der auf die Öffnung eines traditionellen Kamado gesetzt wird (Fotos s. S. 164–165). Das Gericht ist irgendwo zwischen Pilaw und Risotto einzusortieren und sollte ziemlich feucht sein. Es ist eine gesunde, wärmende, sättigende Mahlzeit. Bringen Sie es direkt vom Grill auf den Tisch.

250 g japanischer Rundkornreis

4 ausgelöste Hähnchenoberkeulen, halbiert

2 EL helle Sojasauce

2 EL Mirin

2 EL Sake

1 TL Salz

500 ml Hühnerbrühe

1 Bund Frühlingszwiebeln, in 3 cm lange Stücke geschnitten

1 Knoblauchzehe, fein gehackt

2 Karotten, in feinen Scheiben

100 g Erbsen oder Zuckererbsen

50 g Shiitakepilze, in Scheiben

Den Reis waschen und 30 Minuten abtropfen lassen.

Die Hähnchenkeulen mit Sojasauce, Mirin, Sake und Salz in den Dutch Oven geben und darin wenden. Den Topf auf den Rost stellen und bei geschlossener Kuppel heiß werden lassen. Den Reis mit den restlichen Zutaten untermischen. Das Kamameshi bei geschlossener Kuppel 20–25 Minuten garen, bis die Flüssigkeit aufgesogen ist.

Den Topf weitere 5–10 Minuten im geschlossenen EGG stehen lassen, damit der Reis am Topfboden leicht verkrustet. Aus dem EGG nehmen und vor dem Servieren 5 Minuten ruhen lassen.

HAMMELSCHULTER

mit Zwiebeln, Rosmarin & Honig

Vermutlich müssen Sie Hammelfleisch in Ihrer Metzgerei vorbestellen. Alternativ können Sie es online ordern oder eine Lammschulter verwenden, wenngleich Lammfleisch nicht mit dem Aromareichtum und der Textur von Hammelfleisch mithalten kann.

1 Hammelschulter, 1,5–2 kg

4 Zweige Rosmarin

3 Knoblauchzehen, geviertelt

800 g rote Zwiebeln, geviertelt, mit intaktem Wurzelansatz

250 ml Weißwein

6 EL Honig

Salz und frisch gemahlener schwarzer Pfeffer

In regelmäßigen Abständen mit einem spitzen Messer kleine Schlitze in die Hammelschulter schneiden. Die Hälfte der Rosmarinnadeln und Knoblauchstücke hineinstecken. Die Hammelschulter salzen und pfeffern.

Die Zwiebeln in den Dutch Oven geben. Die Hälfte des Weins zugießen und die Hammelschulter darauflegen. Die restlichen Rosmarinzweige als Pinsel verwenden und das Fleisch mit 2 EL Honig bestreichen.

Den Topfdeckel aufsetzen. Den Topf auf den Rost stellen und das Hammelfleisch bei geschlossener Kuppel 2½–3½ Stunden garen, bis es stark gebräunt und sehr zart ist. Das Fleisch dabei gelegentlich mit dem restlichen Honig bestreichen und bei Bedarf mehr Wein zugießen, damit das Fleisch nicht austrocknet.

Vor dem Servieren 20 Minuten ruhen lassen.

FÜR 6–8 PERSONEN

EGG-SETUP

Indirektes Setup; ConvEGGtor mit Beinen nach oben, Edelstahlrost und Dutch Oven.

ZIELTEMPERATUR

180–200 °C

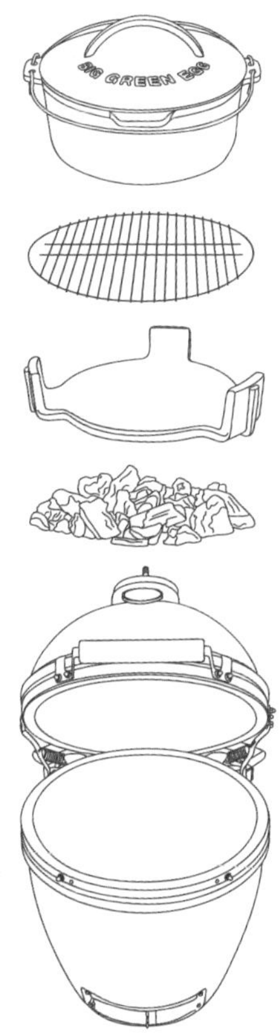

BACKEN

Das EGG entwickelt beim Backen eine starke Hitze. Ein herkömmlicher Backofen wird nicht heiß genug, damit sich eine schöne knusprige Kruste bildet, und sorgt auch nicht für tolle, feine Rauchnoten, die ein Brot oder eine Pizza so besonders machen.

Sie werden in diesem Kapitel feststellen, dass einige Rezepte mit direkter Hitze, andere mit indirekter Hitze zubereitet werden. Dünnere (Fladen-)Brote werden in der Regel mit direkter Hitze gebacken, sodass sie trotz kurzer Backzeit eine tolle Kruste ausbilden können. Brotlaibe werden mit indirektem Setup gebacken. Vergewissern Sie sich deshalb vor dem Backen, welches Setup erforderlich ist, und falls Sie einen Backstein verwenden, legen Sie ihn lange im Voraus ins EGG, damit er sich ordentlich vorheizt und der Teig nicht daran kleben bleibt.

FÜR 6–8 PERSONEN

EGG-SETUP
Direktes Setup mit Edelstahlrost, Backstein und Pfanne.

ZIELTEMPERATUR
170–200 °C

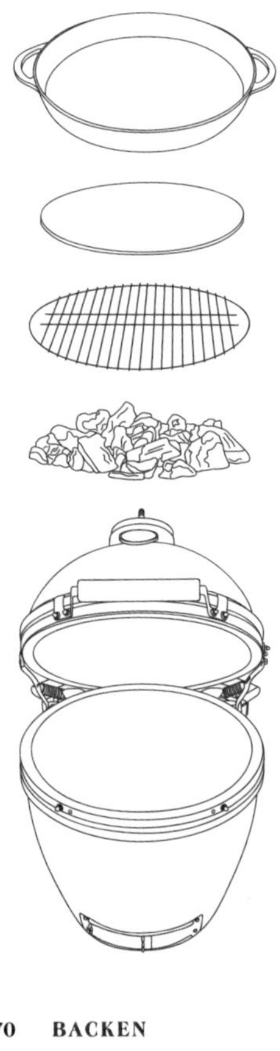

MAISBROT MIT JALAPEÑO & SAUERRAHM

Maisbrot gehört in den US-Südstaaten zu den klassischen BBQ-Beilagen. Es passt ja auch wunderbar zu BBQ-Schweine- und Rindfleisch. Ich liebe es, wenn es ganz frisch aus dem EGG auf den Tisch kommt und Butter und Honig noch blubbern ... Die Teigmenge ist geeignet für eine Pfanne oder Auflaufform aus Metall mit einem Durchmesser von etwa 20 cm.

200 g Maisgrieß (Polenta)
100 g saure Sahne
150 ml Buttermilch
1 EL Pflanzenöl
1 EL Honig oder brauner Zucker
2 Eier, verquirlt
50 g Cheddar, gerieben (oder anderer gut schmelzender würziger Käse)
2–4 frische Jalapeño-Chilischoten, fein gehackt (entkernt, wenn das Brot nicht so pikant werden soll)
1 EL getrockneter Oregano (am besten mexikanischer)
1 TL Salz
1 TL Backpulver
¼ TL Backnatron
50 g/3½ EL Butter

Den Maisgrieß in die Pfanne oder Auflaufform geben und einige Minuten im EGG trocken rösten.

Mit saurer Sahne, Buttermilch, Öl, Honig oder Zucker, Eiern, Käse, Chilischoten, Oregano, Salz, Backpulver und -natron in einer Schüssel glatt rühren.

Die Butter in die Pfanne oder Auflaufform geben und auf dem vorgeheizten Backstein 3–5 Minuten zerlassen, bis sie schäumt und anfängt zu bräunen, ohne zu verbrennen. Den Teig einfüllen und bei geschlossener Kuppel 20–25 Minuten backen, bis sich der Teig fest anfühlt und goldbraun ist. Zur Garprobe einen Spieß in die Mitte stechen; er sollte trocken und sauber wieder herauskommen. Am besten sofort servieren.

NAAN

Bei allem, was ich je aus dem EGG geholt habe, hat mich nichts mehr gefreut, als der Moment, in dem ich zum ersten Mal ein richtig gelungenes Naan hinbekommen habe. Und das hat seinen Grund, denn das schön aufgegangene Fladenbrot mit den leopardenfellartigen Bräunungsflecken und dieser Mischung aus knuspriger und weicher Textur kriegt man in einem normalen Ofen einfach nicht hin.

In der Regel backe ich immer gleich die doppelte Menge Naan und friere die Brote ein, die übrig bleiben. Stellen Sie sicher, dass der Backstein gut vorgeheizt ist.

FÜR 4 STÜCK

EGG-SETUP
Den Teig vor dem Anzünden des EGG zubereiten.

Direktes Setup mit Edelstahlrost und Backstein.

ZIELTEMPERATUR
250–280 °C

2 TL Trockenbackhefe

2 TL Zucker

130 ml lauwarme Milch

300 g plus 2 EL Weizenmehl Type 550 (oder 300 g Weizenmehl Type 405), plus mehr für die Arbeitsfläche

1 TL Schwarzkümmelsamen

1 TL Kreuzkümmelsamen

100 g Joghurt

2 EL Pflanzenöl, plus mehr zum Einfetten

½ TL Salz

weiche Butter oder Ghee zum Bestreichen

Hefe und Zucker in die Milch rühren und mit Mehl, Schwarz- und Kreuzkümmelsamen, Joghurt, Öl und Salz in einer Schüssel zu einem weichen, klebrigen Teig mischen. Abgedeckt 10 Minuten ruhen lassen.

Den Teig auf einer bemehlten Arbeitsfläche einige Minuten glatt und elastisch kneten. In einer geölten Schüssel 30–60 Minuten gehen lassen, bis sich das Teigvolumen verdoppelt hat.

Vier Kugeln aus dem Teig formen und diese auf der bemehlten Arbeitsfläche zu 20 cm langen Ovalen ausrollen.

Einen Teigfladen auf den heißen Backstein legen und bei geschlossener Kuppel 1–2 Minuten backen, bis er Blasen wirft und stellenweise gebräunt ist. Das Naan wenden und von der anderen Seite 1 Minute bei geschlossener Kuppel backen. Auf einen großen Teller heben und mit einem sauberen Tuch abdecken. Die restlichen Fladen ebenso backen.

Die Brote vor dem Servieren mit einem kleinen Küchenpinsel mit Butter oder Ghee bestreichen.

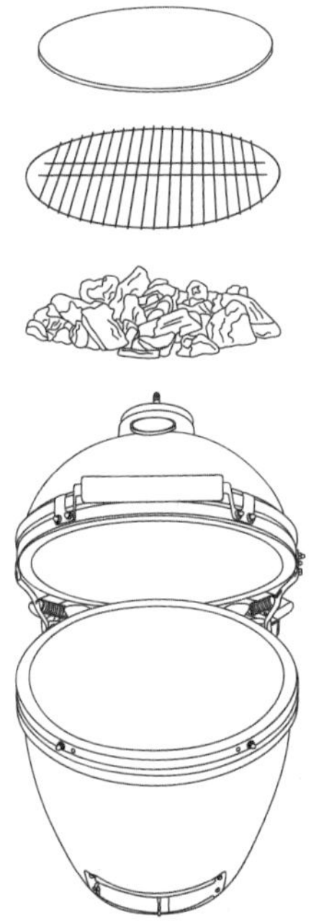

VARIANTEN

Schnelles Peshwari: 40 g fein gehackte Rosinen und 20 g fein gehackte Pistazienkerne oder Mandelblättchen vor dem Ausrollen in die Mitte der Teigkugeln drücken. Die gebackenen Naan mit etwas Garam masala bestäuben.

Knoblauch: 2 fein gehackte Knoblauchzehen 30–60 Sekunden in 25 g Butter anbraten, bis sie zu duften beginnen. Die Naan nach dem Backen damit bestreichen.

PARATHA

Eines meiner Lieblingsrestaurants ist das BBQ-Restaurant »Temper« in London. Dort wird jedes Gericht mit Paratha serviert. Die Fladenbrote schmecken allerdings viel zu gut, um sie nur als Begleitung von indischen und anderen asiatischen Gerichten zu genießen. Ich serviere beispielsweise auch Steakstreifen darauf. Stellen Sie sicher, dass der Backstein gut vorgeheizt ist.

500 g Weizenmehl Type 405, plus mehr für die Arbeitsfläche

½ TL Zucker

1 TL Salz

40 g Butter oder Ghee, zerlassen

Das Mehl mit Zucker und Salz in einer Schüssel mischen. 300 ml Wasser einarbeiten, bis ein weicher Teig entstanden ist. Abgedeckt 5 Minuten ruhen lassen, dann den Teig auf einer bemehlten Arbeitsfläche einige Minuten glatt kneten.

Den Teig in acht Portionen teilen und auf der bemehlten Arbeitsfläche zu 15 cm großen Fladen ausrollen. Mit etwas flüssiger Butter oder Ghee bestreichen. Die Teigfladen locker aufrollen und zu Schnecken formen. Die Schnecken mit der Handfläche andrücken und erneut zu 15 cm großen Fladen ausrollen.

Einen Teigfladen auf den heißen Backstein legen und bei geschlossener Kuppel 1–2 Minuten backen, bis sich dunkle Flecken zeigen. Wenden und von der anderen Seite ebenfalls 1–2 Minuten backen. Das Fladenbrot sofort (oder kurz vor dem Servieren) mit etwas Butter oder Ghee bestreichen, dann in eine Schüssel geben und mit einem sauberen Tuch abdecken, bis alle Teigfladen gebacken sind.

FÜR 8 STÜCK

EGG-SETUP

Den Teig vor dem Anzünden des EGG zubereiten.

Direktes Setup mit Edelstahlrost und Backstein.

ZIELTEMPERATUR

250–280 °C

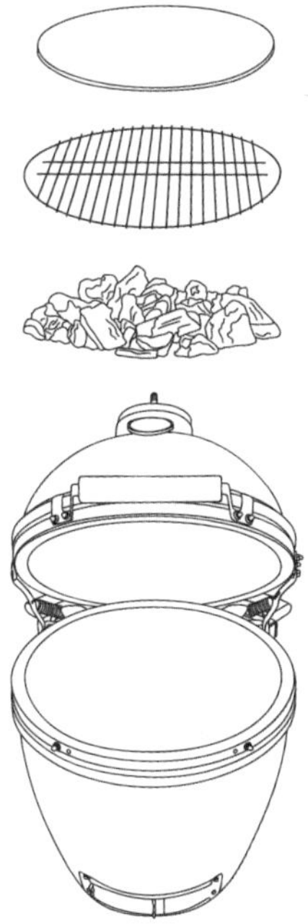

LAHMACUN

FÜR 4 STÜCK

EGG-SETUP
Den Teig vor dem Anzünden des EGG zubereiten.

Direktes Setup mit Edelstahlrost und Backstein.

ZIELTEMPERATUR
250–300 °C

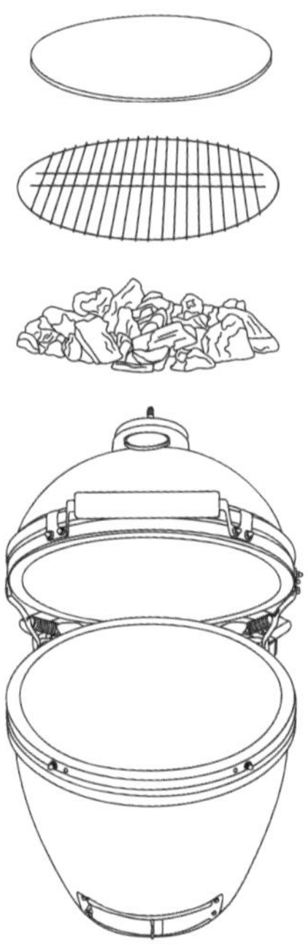

Als ich meine Lebensgefährtin Sushila kennenlernte, lebte sie im Londoner Stadtteil Finsbury Park. Dort war unser Late-Night-Fastfood-Ziel immer ein kleiner Dönerladen am Bahnhof, in dem es für kleines Geld auch Lahmacun mit jeder Menge Chili- und Knoblauchsauce gab. Wir wickelten die türkische Pizza immer schnell aus und schlangen sie hinunter. Das Rezept hier ist einen Ticken raffinierter. Anstelle des Hackfleischs können Sie auch übrig gebliebenes gegartes, fein gehacktes Fleisch verwenden. Stellen Sie sicher, dass der Backstein gut vorgeheizt ist.

Für den Teig

500 g Weizenmehl Type 550, plus mehr für die Arbeitsfläche

1 TL Trockenbackhefe

1 TL Salz

Olivenöl zum Einölen der Hände

Für das Topping

150 g Lamm-, Ziegen- oder Rinderhackfleisch

1 EL Tomatenmark

1 TL gemahlener Koriander

1 große Prise gemahlener Zimt

1 TL gemahlener Kreuzkümmel

1 TL getrocknete Chiliflocken (am besten türkische, Pul biber)

1 TL Salz

2 EL Olivenöl

½ grüne oder rote Paprikaschote, entkernt und sehr fein gehackt

1 kleine Zwiebel, sehr fein gehackt

½ kleines Bund glatte Petersilie, Blätter abgezupft

4 Tomaten, in Scheiben

1 Zitrone, in Spalten

Für den Teig das Mehl mit Hefe und Salz in eine große Schüssel geben und 300 ml Wasser mit einem Löffel sorgfältig einarbeiten. Abgedeckt mit einem feuchten Tuch an einem warmen Ort gehen lassen, bis sich das Teigvolumen fast verdoppelt hat.

Hackfleisch, Tomatenmark, Gewürze, Salz, Olivenöl, Paprika und Zwiebel in einer Schüssel vermengen. Beiseitestellen.

Den Teig auf einer leicht bemehlten Arbeitsfläche mit leicht geölten Händen einige Minuten kneten. In vier Portionen teilen und auf der gut bemehlten Arbeitsfläche zu etwa 40 cm langen Ovalen ausrollen. Der Teig sollte möglichst dünn sein, ohne zu reißen.

Einen Teigfladen auf den heißen Backstein legen und ein Viertel der Hackfleischmischung darauf verteilen. Bei geschlossener Kuppel 6–8 Minuten backen, bis der Teig knusprig und der Belag durchgegart ist. Mit den restlichen Zutaten ebenso verfahren. Sofort mit Petersilie und einigen Tomatenscheiben garnieren und mit den Zitronenspalten zum Beträufeln servieren.

TARTE MIT BLUTWURST,

Kartoffeln & Fenchel

Ich gehöre wie viele andere Kochprofis einer ganz bestimmten Koch-Generation an, und zwar der »St. John«-Generation. Unsere Lehrjahre waren geprägt von Fergus Henderson und seinem heute weltberühmten Restaurant St. John. Diese Tarte könnte es auch in der Backabteilung geben, die in dem Ladenlokal im Erdgeschoss des Restaurants untergebracht ist.

100 g festkochende Kartoffeln

30 g/2 EL weiche Butter

2 große Schalotten oder kleine rote Zwiebeln, in feine Scheiben geschnitten

1 kleine Fenchelknolle, geputzt und in sehr feine Scheiben geschnitten

350 g Blätterteig (Kühlregal)

50 g Crème fraîche

400 g Blutwurst, Boudin Noir oder Morcilla, in feinen Scheiben

1 kleines Bund glatte Petersilie, Blätter grob gehackt

Salz und frisch gemahlener schwarzer Pfeffer

Die Kartoffeln in einem Topf mit Salzwasser 15 Minuten auf dem Herd nicht allzu weich kochen. Etwas abkühlen lassen, dann so heiß wie möglich pellen und in dünne Scheiben schneiden. Die Kartoffelscheiben vorsichtig mit der Butter mischen. Salzen und pfeffern. Mit Schalotten oder roten Zwiebeln und Fenchel vermengen.

Den Teig zu einem 25 cm großen Kreis ausrollen und auf den kalten Backstein legen. Die Crème fraîche mit etwas Salz und Pfeffer würzen und auf dem Teigboden verstreichen. Die Kartoffelmischung darauf verteilen. Mit den Blutwurstscheiben belegen.

Den Backstein auf den Rost legen. Die Tarte bei geschlossener Kuppel 20–25 Minuten backen, bis sie goldbraun und durchgegart ist. Mit der gehackten Petersilie garnieren. Mit Pfeffer bestreuen und sofort servieren.

FÜR 8 PERSONEN

EGG-SETUP

Den Teig vor dem Anzünden des EGG vorbereiten.

Indirektes Setup; ConvEGGtor mit Beinen nach oben, Edelstahlrost und Backstein.

ZIELTEMPERATUR

150–180 °C

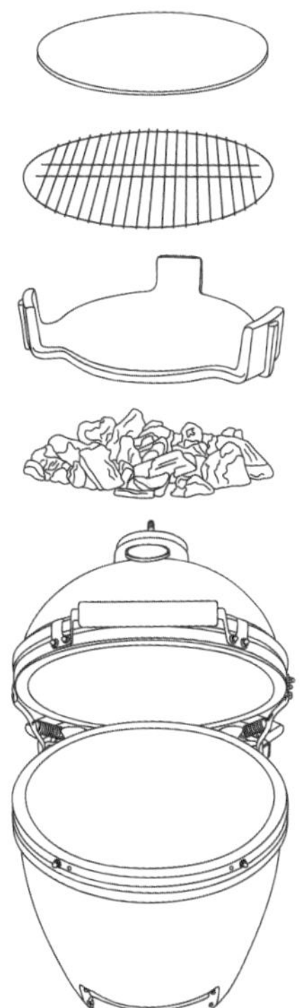

FÜR 6–8 PERSONEN

EGG-SETUP
Die Füllung vor dem Anzünden des EGG zubereiten.

Indirektes Setup; ConvEGGtor mit Beinen nach oben, Edelstahlrost und Backstein.

ZIELTEMPERATUR
150–180 °C

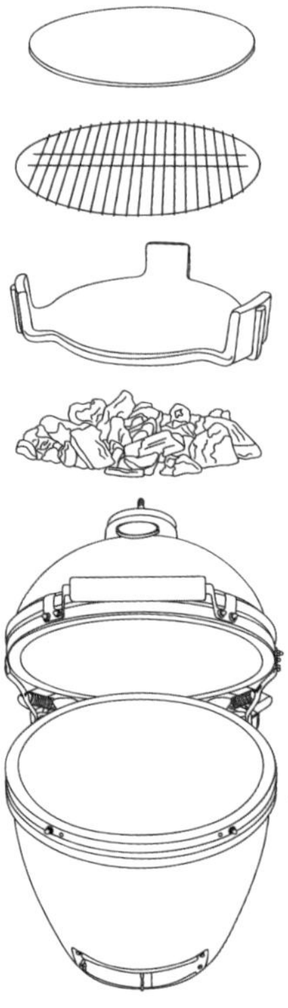

PASTILLA MIT ORANGENBLÜTEN-HONIG & PISTAZIEN

Backwaren mit Filoteig sind unglaublich lecker, wenngleich die Arbeit mit diesem hauchdünnen Teig etwas knifflig ist. Pastillas sind extrem vielseitig, weil sie wunderbar mit allen möglichen Resten zubereitet werden können: Huhn, Lamm und Ziege sind meine Favoriten, aber auch gebratenes Gemüse ist super.

1 EL Olivenöl

2 Zwiebeln, grob gehackt

3 Knoblauchzehen, fein gehackt

2 TL Ras el-Hanout

1 Prise Safranfäden (nach Belieben)

1 TL gemahlener Zimt

500 g gegarte Fleischreste oder Gemüse, fein gehackt

100 ml Hühnerbrühe oder Wasser

50 g getrocknete Datteln, Aprikosen oder Rosinen, grob gehackt

1 EL Orangenblüten- oder anderer Blütenhonig, plus mehr zum Servieren

50 g gehackte Pistazienkerne (oder Mandeln)

3 Eier, verquirlt

1 kleines Bund glatte Petersilie oder Koriandergrün, Blätter fein gehackt

5 große Filoteigblätter

80 g Butter, zerlassen

1 EL Puderzucker

Salz und frisch gemahlener schwarzer Pfeffer

Das Öl in einer Pfanne auf dem Herd erhitzen und die Zwiebeln darin 10 Minuten garen, bis sie weich sind und zu bräunen beginnen. Knoblauch, Ras el-Hanout, Safran, falls verwendet, sowie die Hälfte des Zimts zufügen und 1 Minute mitgaren.

Fleisch und Brühe untermischen. Salzen und pfeffern. Den Deckel aufsetzen und 10 Minuten dünsten, bis das Fleisch heiß ist. Trockenfrüchte, Honig und Nüsse untermischen. Die Eier einrühren und die Mischung leicht stocken lassen. Die Kräuter unterziehen. Die Pfanne vom Herd nehmen.

Ein Teigblatt auf der Arbeitsfläche ausbreiten und mit flüssiger Butter bestreichen. Eine runde Auflauf- oder Kuchenform damit auskleiden. Ein zweites Teigblatt mit Butter bestreichen und um 90 Grad versetzt auf das erste Teigblatt in die Form legen. Den Vorgang mit zwei weiteren Teigblättern wiederholen.

Die Fleischmischung darin verteilen. Die überstehenden Teigränder über die Füllung schlagen. Mit dem letzten Teigblatt bedecken und mit Butter bestreichen. Überstehenden Teig nach unten drücken.

Die Form auf den vorgeheizten Backstein stellen und die Pastilla bei geschlossener Kuppel 25–30 Minuten backen, bis sie knusprig und schön gebräunt ist. Etwas abkühlen lassen. Mit Puderzucker und restlichem Zimt bestäuben. Vor dem Servieren mit Honig beträufeln.

TLAYUDA

FÜR 4 PERSONEN

EGG-SETUP

Den Teig vor dem Anzünden des EGG zubereiten.

Indirektes Setup; ConvEGGtor mit Beinen nach oben, Edelstahlrost und Backstein.

ZIELTEMPERATUR

180–220 °C

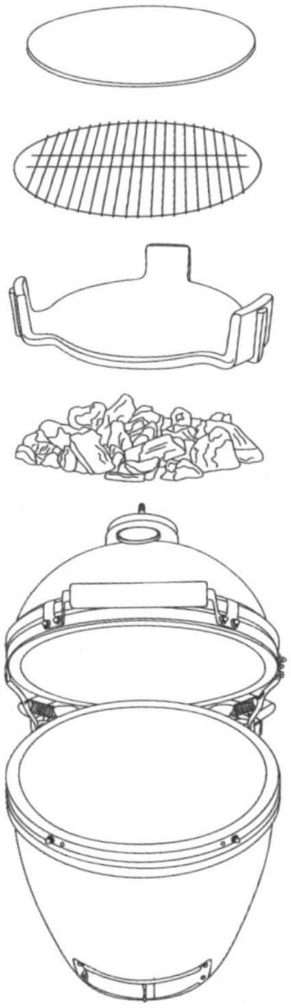

Die aus dem mexikanischen Bundesstaat Oaxaca stammende Tlayuda ähnelt einer Pizza. Allerdings besteht der Boden nicht aus Hefeteig, sondern aus einer Tortilla. Das Gericht ist ideal, um Fleisch- und Gemüsereste zu verwerten und die Tortilla mit allem, was Sie gerade haben, zu belegen. Sie können dafür fertige Weizentortillas aus dem Supermarkt verwenden. Allerdings lohnt es sich sehr, die Tortillas selbst zuzubereiten (s. S. 179). Rollen Sie den Teig in diesem Fall auf die Größe des Backsteins aus. Ein Pizzaschieber könnte nützlich sein.

2 EL Pflanzenöl, plus mehr zum Bestreichen

1 Zwiebel, fein gehackt

4 Knoblauchzehen, fein gehackt

1 TL geröstete, zerstoßene Kreuzkümmelsamen

1–2 TL Chipotle-Paste oder geräuchertes Paprikapulver (nach Belieben)

1 TL getrockneter (mexikanischer) Oregano

1 Dose schwarze oder Kidneybohnen (400 g), abgetropft, oder 250 g gekochte Bohnen

4 große Maistortillas (siehe gegenüber)

500 g gegartes Gemüse, grob gehackt (oder Fleisch, wenn Sie noch Reste haben)

Salz und frisch gemahlener schwarzer Pfeffer

Zum Servieren

Salsa aus Röstgemüse (s. S. 188)

Eingelegte rote Zwiebeln (s. S. 182)

200 g Feta, zerkrümelt

1 kleines Bund Koriandergrün, grob gehackt

1 Limette, in Spalten geschnitten

150 g saure Sahne

scharfe Sauce (nach Belieben)

Das Öl in einer Pfanne auf dem Herd erhitzen. Zwiebel und Knoblauch darin 5 Minuten weich anbraten. Gewürze und Oregano hinzufügen und 30 Sekunden mitgaren, bis sie zu duften beginnen. Bohnen und 100 ml Wasser zugeben und 5 Minuten garen, bis das Wasser verdampft ist. Salzen und pfeffern. Zu einem groben Mus zerdrücken oder mixen.

Die Tortillas mit etwas Öl bestreichen, einzeln auf den vorgeheizten Backstein legen und bei geschlossener Kuppel 1–2 Minuten backen, bis die Unterseite fleckig gebräunt ist. Mit der gebackenen Seite nach oben auf einen Teller stürzen. Die anderen Tortillas genauso vorbereiten.

Die Tortillas mit dem Bohnenmus bestreichen und mit dem Gemüse belegen. Wieder auf den heißen Backstein gleiten lassen und bei geschlossener Kuppel etwa 3 Minuten backen, bis die Unterseite fleckig gebräunt und der Belag heiß ist.

Aus dem EGG nehmen und sofort mit Salsa, eingelegten Zwiebeln, Feta und Koriander garniert servieren. Limettenspalten, saure Sahne und scharfe Sauce separat dazu reichen.

WEICHE MAISTORTILLAS
(für Tacos)

Wenn Sie häufiger Tortillas backen wollen, lohnt sich die Anschaffung einer Tortillapresse. Sie ist nicht teuer und erleichtert die Arbeit enorm, vor allem wenn man auch Kinder in die Küchenarbeit mit einbeziehen will. Stellen Sie sicher, dass der Backstein oder die Platte gut vorgeheizt ist.

250 g Masa harina, bei Bedarf etwas mehr

1 Prise Salz

Masa harina und Salz in einer Schüssel mischen. 300 ml Wasser einarbeiten, bis ein glatter Teig entstanden ist, der sich zu einer Kugel formen lässt. Den Teig kurz von Hand kneten. Dann 10 Minuten ruhen lassen. Bei Bedarf danach noch etwas Wasser oder Masa harina einarbeiten.

Den Teig in 15–20 Portionen teilen und zu tischtennisballgroßen Kugeln formen. Eine Teigkugel zwischen zwei Stücke Frischhaltefolie oder Backpapier legen und in einer Tortillapresse, mit einem Teller oder einer schweren Pfanne flach drücken. (Sie können auch einen Teigroller verwenden, allerdings können die Teigränder dann reißen.) Die Folie bzw. das Backpapier vorsichtig abziehen. Mit den restlichen Portionen ebenso verfahren.

Die Tortilla auf den vorgeheizten Backstein oder auf die vorgeheizte Platte legen und bei geschlossener Kuppel etwa 1 Minute backen, bis sie zu bräunen beginnt. Wenden und von der anderen Seite ebenfalls 1 Minute backen. Aus dem EGG nehmen und die Tortilla unter einem sauberen Tuch aufbewahren, damit sie schön weich bleibt. Die restlichen Tortillas ebenso backen.

Diese Tortillas schmecken am besten frisch. Alternativ erkalten lassen, in Spalten schneiden und ausbacken, um Tortilla-Chips daraus zu machen.

FÜR 15–20 KLEINE TORTILLAS

EGG-SETUP
Direktes Setup mit Edelstahlrost, Backstein oder Grillplatte aus Gusseisen. Die Tortillas können auch direkt auf dem Rost zubereitet werden, insbesondere auf einem Gusseisenrost.

ZIELTEMPERATUR
250–280 °C

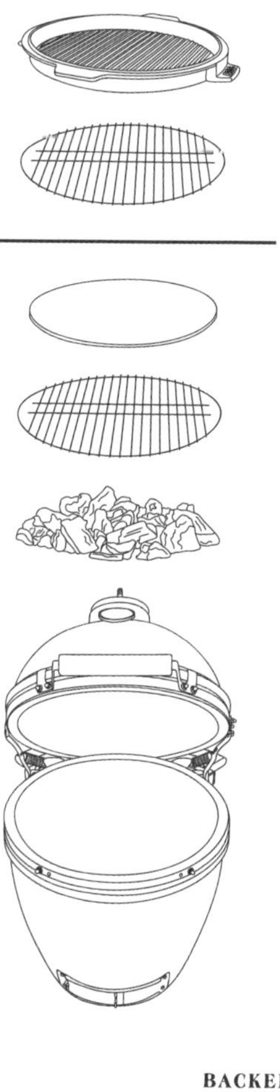

SAUCEN UND WÜRZMITTEL

Was immer Sie im EGG zubereiten, kann durch Saucen, Pickles, Chutneys oder Dips verfeinert oder variiert werden. In diesem Kapitel habe ich einige Rezepte zusammengestellt, auf die ich regelmäßig zurückgreife.

Zubereitungen, die fester Bestandteil eines Gerichts sind, habe ich direkt im jeweiligen Rezept angegeben, die Sie auf folgenden Seiten finden:

MANGOKETCHUP

Diesen Ketchup können Sie auch mit fein gehackten frischen Chilischoten oder Chilipulver und/oder anderen Gewürzen variieren. Durch selbst fermentierte Chilischoten erhält die Sauce ein weiteres Aroma. Danke an meinen Freund Sam Metcalf für die Inspiration zu diesem Rezept. Er hat die Angewohnheit, leckere Geschenke vor meine Tür zu stellen.

ERGIBT 2 KLEINE GLÄSER

1 EL Öl
1 Zwiebel, fein gehackt
400 g vollreifes Mangofruchtfleisch
½ TL gemahlener Piment
½ TL gemahlener Zimt
½ TL gemahlener Ingwer
¼ TL gemahlene Muskatnuss
½ TL gemahlene Kurkuma
60 ml Apfel- oder Weißweinessig
Salz

Das Öl in einer Pfanne erhitzen und die Zwiebel darin 5 Minuten weich und glasig dünsten.

Die Zwiebel in einen Mixer geben und mit Mango, 100 ml Wasser, Gewürzen, Essig und 1 guten Prise Salz glatt pürieren.

Die Masse zurück in die Pfanne geben und 10 Minuten eindicken lassen. Abschmecken und in sterilisierte Gläser füllen.

EINGELEGTE ROTE ZWIEBELN

Diese Zwiebeln passen zu sehr vielen Gerichten, so zum Beispiel zur Ziegenschulter mit Granatapfel-Raan (s. S. 58) oder zu Tlayuda (s. S. 178).

FÜR 4 PERSONEN

2 kleine rote Zwiebeln, in feinen Streifen
Saft von 2 Limetten oder 1 Zitrone
Salz

Die Zwiebeln 1 Minute in einem Topf mit kochendem Wasser blanchieren. Das Wasser abgießen und die Zwiebeln gut abtropfen lassen. In eine Schüssel geben. Den Limetten- oder Zitronensaft und einige Prisen Salz zufügen. Sorgfältig vermengen, dann mindestens 30 Minuten ziehen lassen. Die Zwiebeln halten sich in einem Schraubglas im Kühlschrank etwa eine Woche.

TAHINSAUCE

Toll mit den gebackenen Roten Beten von S. 151.

ERGIBT 150 ML

½ Knoblauchzehe, mit 1 Prise Salz fein zerdrückt
50 g Tahin (Sesampaste)
1 EL natives Olivenöl extra
Saft von ½ Zitrone
Salz und frisch gemahlener schwarzer Pfeffer

Knoblauch, Tahin und Öl in einer Schale verrühren. Den Zitronensaft zufügen und 100 ml Wasser esslöffelweise kräftig einarbeiten, bis eine glatte, sehr dickflüssige Sauce entstanden ist. Mit Salz und Pfeffer abschmecken. Die Sauce hält sich im Kühlschrank bis zu einer Woche.

AIOLI MIT GERÖSTETEM KNOBLAUCH

Für diese Aioli können Sie statt geröstetem auch zerdrückten frischen Knoblauch (zwei bis drei Zehen) verwenden. Alternativ können Sie den Knoblauch auch ganz weglassen und nur eine einfache Mayonnaise zubereiten, die Sie nach Geschmack weiter verfeinern.

ERGIBT GUT 400 ML
(AUSREICHEND FÜR 12 PERSONEN)

1 große Knoblauchknolle
2 sehr frische Eigelb (Größe L)
400 ml Sonnenblumenöl oder ein Viertel natives Olivenöl extra und drei Viertel Sonnenblumenöl
Weißwein- oder Apfelessig zum Abschmecken
Salz und grob gemahlener schwarzer Pfeffer

Das EGG mit eingesetztem Rost auf etwa 180 °C vorheizen. Die Knoblauchknolle auf dem Rost bei geschlossener Kuppel 20–30 Minuten weich rösten. Die Zehen aus den Schalen drücken und in einer Schüssel zerdrücken.

Das Eigelb mit 1 guten Prise Salz, etwas Pfeffer und dem Knoblauch verquirlen. Das Öl erst tropfenweise ins Eigelb rühren. Dann nach und nach die Menge erhöhen, dabei stets rühren. Sobald die Masse fester wird, das restliche Öl in einem dünnen Strahl unter Rühren zugießen, bis eine cremige, feste Mayonnaise entstanden ist. Mit Essig, Salz und reichlich Pfeffer kräftig abschmecken. Die Mayonnaise hält sich bis zu drei Tage im Kühlschrank.

HARISSA

Es lohnt sich, diese tomatig-feurige nordafrikanische Chilipaste selbst zuzubereiten. Sie ist wesentlich aromatischer und schmeckt frischer als ein gekauftes Produkt.

ERGIBT CA. 250 ML

- 1 rote Paprikaschote, halbiert und entkernt
- 200 g lange rote Chilischoten
- 2 vollreife Tomaten
- 50 ml natives Olivenöl extra, plus mehr zum Versiegeln
- 3 Knoblauchzehen
- 2 TL leicht gerösteter, gemahlener Kreuzkümmel
- 1 TL Kümmelsamen
- 1 TL Paprikapulver edelsüß
- 1 EL Rotweinessig
- Salz und frisch gemahlener schwarzer Pfeffer

Das EGG mit eingesetztem Rost auf etwa 200 °C vorheizen. Paprika, Chilis und Tomaten auf den Rost legen und etwa 10 Minuten rösten, bis die Häute Blasen werfen und das Gemüse weich ist. Dabei nach der Hälfte der Zeit wenden. Das Gemüse häuten. Die Chilis entstielen und grob entkernen.

Das Gemüse mit den restlichen Zutaten in einem Mixer glatt pürieren. Mit Salz und Pfeffer abschmecken. In ein Schraubglas füllen und mit einer Schicht Olivenöl luftdicht versiegeln. Die Paste hält sich bis zu zwei Wochen.

GURKEN-RADIESCHEN-SALAT

Eher ein toller Gaumenreiniger als ein Salat.

FÜR 4 PERSONEN

- 1 Salatgurke, geschält und in feinen Scheiben
- 300 g Radieschen, in feinen Scheiben
- Saft von ½ Zitrone oder 1 Limette oder Essig zum Abschmecken
- 1 Prise Salz
- 1 Prise Zucker

Alle Zutaten in einer Schüssel vermengen. Vor dem Servieren 30 Minuten ziehen lassen.

MINZE-RAITA

Sie können eine Raita auch mit getrockneter Minze, gerösteter Senfsaat oder fein gehackten Chilischoten zubereiten. Raitas passen zu so ziemlich allem und sind eine tolle erfrischende Kühlung bei (zu) feurigen Speisen.

FÜR 12 PERSONEN

- 10 Minzeblätter
- 250 g Joghurt
- Saft von ½ Zitrone
- 1 Prise gemahlener grüner Kardamom (nach Belieben)
- 1 Prise Salz

Minze, Joghurt, Zitronensaft, Kardamom, falls verwendet, und Salz im Mixer pürieren. In eine Servierschale füllen und gekühlt servieren.

DUKKAH

Stellen Sie diese afrikanisch-arabische Nuss-Gewürz-Mischung in einer Schale auf den Tisch, sodass sich jeder bedienen kann, oder verwenden Sie es als eine Art Panade.

ERGIBT CA. 150 G

- 75 g abgezogene Mandel- oder Haselnusskerne
- 75 g Sesam
- 3 EL Koriandersamen
- 1 EL Kreuzkümmelsamen
- Salz und frisch gemahlener schwarzer Pfeffer

Nüsse und Gewürze zusammen in einer Pfanne trocken rösten, bis sie zu duften beginnen. Auf einen Teller geben und abkühlen lassen. Mit Salz und reichlich Pfeffer würzen. Die Mischung grob mahlen oder zerstoßen. In ein Schraubglas füllen. Dukkah hält sich bis zu zwei Wochen.

SALSA AUS RÖSTGEMÜSE

Perfekt mit Tlayuda (s. S. 178).

FÜR ETWA 300 ML

6 vollreife Tomaten

6 Knoblauchzehen mit Schale

1 rote Zwiebel, geschält und geviertelt

1 Handvoll Korianderblätter, grob gehackt

Limettensaft zum Abschmecken

2 getrocknete Arbol- oder Pequin-Chilischoten oder eine andere mittelscharfe Sorte (nach Belieben auch frische Chilischoten), fein gehackt

Salz und frisch gemahlener schwarzer Pfeffer

Das EGG mit eingesetztem Rost auf 200–220 °C vorheizen. Tomaten, Knoblauchzehen und Zwiebel auf dem Rost bei geschlossener Kuppel 10 Minuten rösten, bis das Gemüse geschwärzt ist und die Tomatenhäute Blasen werfen. Die Tomaten häuten und die Knoblauchzehen aus den Schalen drücken.

Das Gemüse fein hacken. Salzen und pfeffern. Den Koriander unterziehen. Mit Limettensaft abschmecken. Die Chilischoten untermischen. Die Salsa hält sich im Kühlschrank bis zu einer Woche.

PIPIRRANA

Lecker zu Fettfisch, Gemüse und Hähnchen, aber auch auf Röstbrot.

ERGIBT CA. 200 ML

2 hart gekochte Eier, gepellt und fein gehackt

1 Schalotte, sehr fein gehackt

2 große vollreife Tomaten, entkernt und fein gehackt

1 grüne Paprikaschote, entkernt und sehr fein gehackt

½ Salatgurke, geschält, entkernt und fein gehackt

2 EL Weißweinessig, plus mehr zum Abschmecken

50 ml natives Olivenöl extra, plus mehr zum Abschmecken

1 Prise gerösteter, gemahlener Kreuzkümmelsamen (nach Belieben)

Salz und frisch gemahlener schwarzer Pfeffer

Alle Zutaten in einer Schale vermengen. Mit Salz, Pfeffer, Öl und Essig abschmecken.

GREMOLATA

Gremolata ist nicht nur fester Bestandteil von Osso Buco (s. S. 67), sondern schmeckt auch zu den meisten Pasta- oder Hähnchengerichten oder im Ganzen gegartem Fisch.

FÜR 4 PERSONEN

fein abgeriebene Schale von 1 Bio-Zitrone

1 Knoblauchzehe, sehr fein gehackt

½ kleines Bund glatte Petersilie, Blätter fein gehackt

Meersalz und frisch gemahlener schwarzer Pfeffer

Alle Zutaten in einer Schale vermengen. Mit Salz und Pfeffer abschmecken.

SALSA VERDE

Ein superaromatisches Topping für so ziemlich alle europäischen Gerichte. Diese grüne Sauce können Sie im Mixer oder mit einem Pürierstab zubereiten, aber besser ist es, die Zutaten von Hand zu verarbeiten. Nach Belieben können Sie auch gehackte Cornichons untermischen.

FÜR 12 PERSONEN

4 Sardellenfilets in Salz, abgespült

2 Knoblauchzehen, fein gehackt

1 großes Bund glatte Petersilie, Blätter abgezupft

1 kleines Bund Basilikum oder Minze (oder eine Mischung), Blätter abgezupft

2 EL Kapern in Salz, abgespült und grob gehackt

1 EL Dijonsenf

2 EL Rotweinessig oder Zitronensaft

100 ml natives Olivenöl extra, plus mehr zum Versiegeln

frisch gemahlener schwarzer Pfeffer

Sardellen und Knoblauch im Mörser zerdrücken, dann nach und nach Kräuter und Kapern zufügen und alles zu einer groben Paste verarbeiten. Alternativ Kräuter, Sardellen, Kapern und Knoblauch mit einem großen Messer auf einem großen Schneidebrett fein hacken.

Die Mischung in eine Schüssel geben. Senf und Essig oder Zitronensaft unterrühren, dann langsam das Öl unterrühren, bis die gewünschte Konsistenz erreicht ist. Bei Bedarf mit weiterem Essig oder Zitronensaft abschmecken. Mit Pfeffer würzen.

In ein Schraubglas füllen und mit einer dünnen Schicht Olivenöl versiegeln. Die Salsa im Kühlschrank lagern.

ZHUG

Von diesem Chutney gibt es so viele Varianten wie Schreibweisen. Ich halte mich hierbei immer an dieses Rezept. Zhug kann als Dip, Marinade oder sogar als Brotaufstrich verwendet werden. Sie können es auch im Mixer zubereiten. Dann aber sollten Sie gemahlene Gewürze anstelle der ganzen Samen verwenden.

ERGIBT 250 ML

Samen von 4 grünen Kardamomkapseln

1 TL Koriandersamen

½ TL Kreuzkümmelsamen

6 Knoblauchzehen, gehackt

4–8 grüne Chilischoten (nach Geschmack und gewünschtem Schärfegrad), entkernt und grob gehackt

1 kleines Bund Koriandergrün, Blätter grob gehackt

1 kleines Bund glatte Petersilie, Blätter grob gehackt

4 EL Olivenöl, plus mehr zum Versiegeln

Salz und frisch gemahlener schwarzer Pfeffer

Die Gewürze mit einer Prise Salz im Mörser zerstoßen. Knoblauch und Chilis zugeben und alles zu einer sehr groben Paste verarbeiten. Die Kräuter und nach und nach das Öl einarbeiten. Abschmecken.

In ein Schraubglas füllen und mit einer dünnen Schicht Olivenöl versiegeln. Hält sich im Kühlschrank bis zu zwei Wochen.

CHIMICHURRI

Diese südamerikanische Kräutersauce können Sie mit der Pulsefunktion im Mixer oder aber mit Mörser und Stößel verarbeiten.

FÜR 12 PERSONEN

4 EL Rotweinessig

½ TL Salz

2 Knoblauchzehen, fein gehackt

1 kleine Schalotte, fein gehackt (oder ½ Bund fein gehackte Frühlingszwiebeln)

½ TL getrocknete Chiliflocken oder mehr nach Geschmack

1 TL getrockneter Oregano

1 kleines Bund glatte Petersilie, Blätter fein gehackt

2 EL frische Oreganoblätter (nach Belieben)

6 EL natives Olivenöl extra

Salz und frisch gemahlener schwarzer Pfeffer

Essig, Salz, Knoblauch und Schalotte in einer Schüssel mischen und 10 Minuten ziehen lassen.

Die restlichen Zutaten unterrühren und vor dem Servieren etwa 1 Stunde ziehen lassen, damit sich die Aromen entwickeln. Die Sauce hält sich im Kühlschrank bis zu einer Woche (die Verfärbung hat keinen Einfluss auf die Qualität).

SARDELLENBUTTER

Lassen Sie diese Butter auf den Steaks von S. 55 und S. 104 zergehen – einfach köstlich!

ERGIBT CA. 150 G

1 Glas Sardellenfilets in Öl (50 g), abgetropft und fein gehackt

1–2 TL frische Thymianblätter, grob gehackt

1 Prise getrocknete Chiliflocken zum Abschmecken

100 g Butter, gewürfelt und weich

Salz und grob gemahlener schwarzer Pfeffer

Sardellen, Thymian, Chiliflocken und Butter in einer Schüssel verrühren. Mit etwas Salz und Pfeffer abschmecken.

Die Butter mithilfe eines Stücks Frischhaltefolie zu einer Rolle formen und im Kühlschrank fest werden lassen.

REGISTER

MASTER

E

F

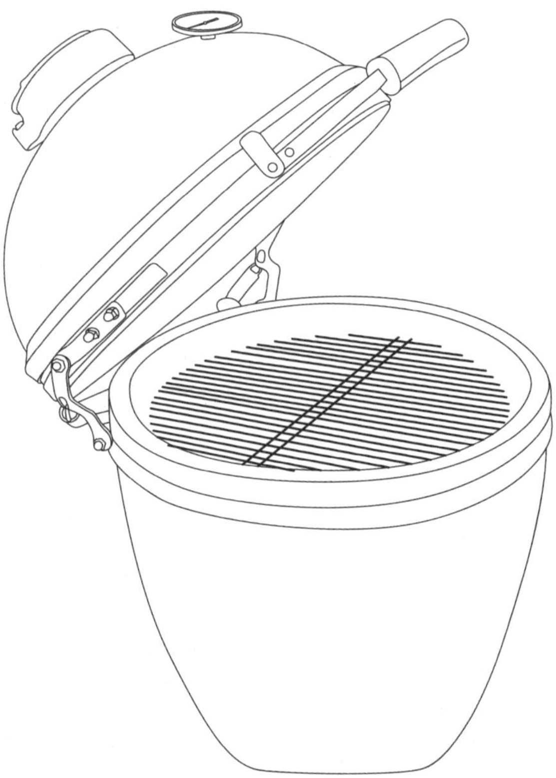

G

H

I

J

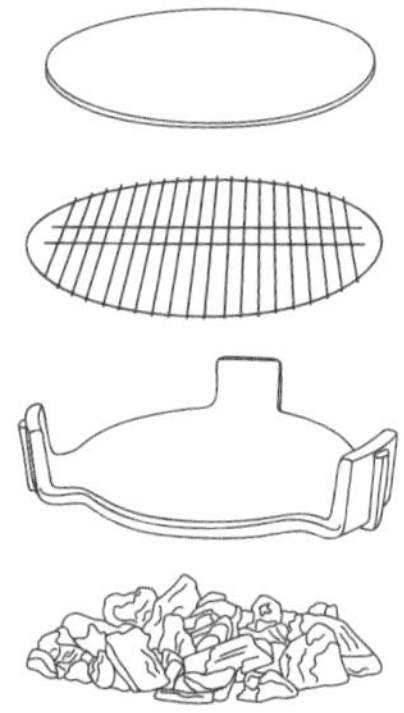

K

L

M

N

101659

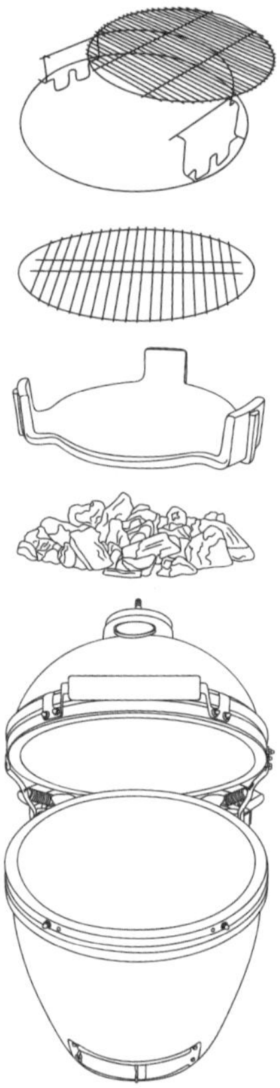

O

P

R

S

T

V

W

Z

JAMES WHETLOR

James Whetlor, der für sein erstes Buch *Goat Meat* mit einem James Beard Award und 2019 mit dem Guild of Food Writers Best Single Subject Food Book ausgezeichnet wurde, arbeitete 12 Jahre als Küchenchef in London, bevor es ihn zurück in seine Heimat Devon zog, wo er im »River Cottage« arbeitete. Heute vertreibt er mit seinem Unternehmen Cabrito, für dessen Konzept er ebenfalls ausgezeichnet wurde, Ziegenfleisch von ausgewählten Bauernhöfen in ganz Großbritannien an Catering-Fleischer und Restaurants.

BIG GREEN EGG

Das Big Green Egg ist das Original, der beste Keramikgrill und -ofen, der nach dem Prinzip des japanischen Kamado-Ofen funktioniert und auch von Sterneköchen auf der ganzen Welt geschätzt wird. Die von der NASA entwickelte Keramik und das besondere, robuste Design gewährleisten eine lebenslange Garantie.

Mit dem Big Green Egg können Hobbyköche fantastische Mahlzeiten in Restaurantqualität zubereiten und mit Freunden und Familie genießen. Das EGG wird ausschließlich mit natürlicher Holzkohle befeuert und erzeugt auf diese Weise unvergleichliche Aromen und Texturen – ob beim Grillen, Backen, Braten, Räuchern, direkten Garen auf der Glut oder langsamen Schmoren. Das Big Green Egg eignet sich für die Zubereitung von Geflügel, Fleisch, Fisch und Meeresfrüchten, Gemüse sowie von Broten und Pizzen. Viele weitere leckere Rezepte und Tipps finden Sie unter www.biggreenegg.eu/de/.

DANKSAGUNG

Vielen Dank an Sarah Lavelle. Du hast mir gleich zweimal das Privileg ermöglicht, ein Buch schreiben zu dürfen. Ich glaube nicht, dass ich jemals in der Lage sein werde, diese Schuld zu begleichen. Danke auch an das Team von Quadrille für die Hilfe, die Unterstützung und das tolle Buchdesign. Besonders erwähnen möchte ich Harriet Webster und Sally Somers, die mit ihrer Geduld und ihrer guten Laune die Arbeit an diesem Buch zum Vergnügen machten.

Dank an David Ezrine von Big Green Egg. Du warst eine große Unterstützung, immer enthusiastisch und großzügig.

Vielen Dank an Ross Anderson für seine Lehrstunden im Umgang mit dem Big Green Egg.

Große Unterstützung habe ich auch bei den Recherchen zu diesem Buch erhalten. Alle Personen, mit denen ich gesprochen habe, gaben mir begeistert Auskunft über ihre Fachbereiche. Das finde ich immer inspirierend.

Für die Geschichte der japanischen Öfen und weitere Informationen bin ich Dr. Helen McNaughton von der SOAS und Prof. Simon Partner von der Duke University dankbar für die Hilfe. Vielen Dank auch an Junya Yamaski, die mir vor Augen geführt hat, dass ich nichts weiß und mehr recherchieren muss. Das ist genau die Art von Hilfe, die ich brauche!

Vielen Dank an Alex Pole, Joe Garnett und Steve House, die die Kunst des Schmiedens und Geräteherstellens demonstrieren und erforschen.

Phillip und Ian Warren waren so freundlich, mich in die Landwirtschaft Cornwalls einzuführen und mir zu erklären, warum das, was sie tun, für die Ökologie und die Ökonomie der Region so wichtig ist (und warum ihr Fleisch so gut ist).

Dank an Charcoal Matt und T-Bone Chops, die die weltbeste Holzkohle herstellen und sich dabei auch um die Forstwirtschaft und die Umwelt kümmern. Sie sind wahre Wegbereiter.

Dank an Matt, Claire, Grace, Ivy und Dot. Alle haben an der Entwicklung, dem Probieren und der Beurteilung der Rezepte mitgewirkt. Keine Ziege mehr für eine Weile, Ivy. Versprochen.

Dank an Luke, Sara, Murdo, Sula und Skye (und vermutlich Huck) in High Grange dafür, dass wir euer Haus und euren Alltag eine Woche durcheinanderbringen durften.

Vielen Dank an Harry, Emily, Raffy und Alegra, dass wir uns mit euren Kühen anfreunden und ein paar Fotos machen durften.

Sam Folan, ich denke, die Bilder im Buch sprechen für sich. Super Arbeit. Vielen Dank, dass du es so einfach gemacht hast.

Dank an Alohla Bonser-Shaw und Faye Wears für das hübsche und appetitanregende Styling.

Danke an die Sytch Farm, Netherton Foundry, Hodmedods, Flying Fish, Trill Farm, Alex Pole, Cornish Sea Salt, Wild Beer und Warrens Butchers für all die Kleinigkeiten, die das Buch so gut aussehen lassen.

Vielen Dank an Chyenne Smith von der J Lazy S Ranch in Idaho für einen Einblick in die richtige Art der US-Rinderhaltung.

Vielen Dank an Mark, Marcus, Chris, Rob, John F, Clay, Jon R, Stu, Pete, Angela, Jon D, Nathan und Christine für all die Hilfe, Ratschläge und Begeisterung im Lauf der Jahre, besonders als ich anfing, im Freien zu kochen. Ihr seid echte Pusher.

Schließlich geht mein Dank an Moles, Elwood und Mika, dass ihr so begeisterte Testesser und ehrliche Kritiker wart. Ich liebe euch.

Die folgenden Dinge gefallen uns und erleichtern das Kochen, Essen und den gesamten Umgang mit dem Big Green Egg.

Big Green Egg Merchandise & Lifestyle Shop
Hier finden Sie von Fashion über Deko bis Zubehör alles aus der Big Green Egg Welt, was Sie oder Ihre Freunde und Familie als EGG-Fans benötigen.
www.biggreenegg.shop

Metzgerei Brath
Mit Sicherheit bekommt man dort eines der besten Steaks in Deutschland, schnörkellos und pur. Vor allem die „Alte Wutz" – ein Dry Aged Schweinekotelett sollte man unbedingt probieren.
https://www.metzgerei-brath.de

Caviar House & Prunier
Es muss nicht immer Kaviar sein, aber wenn dann kann man nur den Caviar von Caviar House & Prunier empfehlen.
https://caviarhouse-prunier.de

JANUA Möbel
Traditionelle Tischler-Handwerkskunst gepaart mit modernem und zeitlosen Design.
https://janua-moebel.de/uberjanua

YETI
Kompromisslos die besten passiven Kühlboxen auf der Welt! Egal ob zu Hause oder On the Road.
https://de.yeti.com

Nesmuk
Nesmuk entwickelt und fertigt Messer in höchstmöglicher Schärfe und setzt dabei auf Stahlsorten, Materialien und Technologien, die in der Schneidwarenindustrie noch nie zuvor verwendet worden sind.
https://www.nesmuk.com

Robbe & Berking
Besonderes Silber Besteck für Kenner und Genießer.
https://robbeberking.com/de

KitchenAid
Nicht nur die schönsten, sondern auch leistungsstarke und zuverlässige Küchenmaschinen, welche in keinem Haushalt fehlen dürfen.
https://www.kitchenaid.de

Altes Gewürzamt
Gewürze sind die Seele eines liebevoll kreierten Gerichts und genau das leben die Hollands mit Ihren exklusiven Gewürzen und Mischungen.
https://www.altesgewuerzamt.de

Gewürzmühle Rosenheim
Tradition & Moderne! Seit über 60 Jahren verarbeitet und veredelt die Manufaktur feinste Gewürze und interpretieren diese neu!
https://www.gewuerzmuehle-rosenheim.de

Weingut OTT
Bernhard OTT ist kompromisslos. Biodynamische Weißweine aus Österreich von allerbester Qualität.
http://ott.at

Weingut Tement
Am besten beschreibt man die Weine aus dem Hause Tement mit langer Familientradition aus der Südsteiermark, Liebe zum Wein und dem Bekenntnis zu bedingungsloser Qualität.
https://www.tement.at/

Weingut Velich
Der burgenländische Seewinkel mit seinem besonderen Mikroklima und seiner Bodenstruktur ist die Grundlage für besondere Weine.
https://www.velich.at

Reisetbauer Qualitätsbrennerei
Eine der modernsten Brennerei Österreichs mit Obstbränden und unser „Geheimtipp": dem Blue Gin. Aber auch die Bio Sojasauce passt perfekt zu allem Gegrilltem.
https://www.reisetbauer.at

Herzogkaffee Röstwerk
Mit ihrem Angebot an ausgesuchten Parzellenkaffees von kleinen Kaffeefarmen in Mexiko, Brasilien, El Salvador, Guatemala und Indien bieten sie ihren Kunden erstklassige und einzigartig geröstete Kaffees mit unverwechselbaren Geschmacksprofilen.
https://www.herzogkaffee.de

DK | Penguin Random House

Für die deutsche Ausgabe:
Programmleitung Monika Schlitzer
Projektbetreuung Julia Sommer
Herstellungsleitung Dorothee Whittaker
Herstellungskoordination Katharina Schäfer
Herstellung Claudia Bürgers

Übersetzung Lisa Heilig, Köln
Redaktionelle Bearbeitung Antje Seidel,
trans texas publishing services GmbH, Köln

Titel der englischen Originalausgabe:
Cooking on The Big Green Egg

Der Originaltitel erschien 2021 in Großbritannien bei Quadrille ein Imprint von Hardie Grant Publishing, London

Text © James Whetlor, 2021
Design und Layout © Quadrille, 2021

© der deutschsprachigen Ausgabe by Dorling Kindersley Verlag GmbH, München, 2022
Ein Unternehmen der Penguin Random House Group

Alle deutschsprachigen Rechte vorbehalten

Jegliche – auch auszugsweise – Verwertung, Wiedergabe, Vervielfältigung oder Speicherung, ob elektronisch, mechanisch, durch Fotokopie oder Aufzeichnung, bedarf der vorherigen schriftlichen Genehmigung durch den Verlag.

Rezepte James Whetlor
Texte James Whetlor
Fotografie Sam Folan
Design Alicia House
Coverdesign Will Webb
Foodstyling James Whetlor, Matt Williamson, Alohla Bonser-Shaw
Requisite Faye Wears, Alohla Bonser-Shaw

ISBN 978-3-8310-4536-5

Druck und Bindung Leo Paper Products, China

www.dk-verlag.de

Hinweis
Die Informationen und Ratschläge in diesem Buch sind von den Autoren und vom Verlag sorgfältig erwogen und geprüft, dennoch kann eine Garantie nicht übernommen werden. Eine Haftung der Autoren bzw. des Verlags und seiner Beauftragten für Personen-, Sach- und Vermögensschäden ist ausgeschlossen.

FSC www.fsc.org
MIX
Paper from responsible sources
FSC™ C020056